図解　大学受験の神様が教える
記憶法大全

本書は、2014年1月に刊行された同名書籍（B5判）を
リサイズ・再編集したものです

はじめに

私は、長年受験勉強法の本を書き続け、多くの受験生を成功に導いてきました。

私の勉強法だけが優れたものとは思っていないのですが「勉強ができない」とくに「努力しているのに勉強ができない」と思っている多くの子どもたちを見ると、不幸のように感じます。

おそらく、あらゆるスポーツにおいていえることですが、練習は、やり方を学んでから行うものです。ゴルフで自己流のスイングでいくら練習しても、よほどセンスのいい人間でないかぎり、うまくはなりません。「あしたのジョー」の主人公・矢吹丈だって、ボクシング技術が記された手紙「あしたのために」のとおり練習しました。自己流でケンカが強くても、ボクシングは強くなれないのです。

勉強に関してもそれは同じ。やり方を知らずにいくら努力しても適切なやり方を学ばないと、伸びるものも伸びません。

今回、私はこれまでの受験指導の経験と、これまで学んだ心理学の知識などを組み合わせて、より有効と思われる記憶法をこの本で提言することにしました。記憶が悪いとか、記憶が衰えたのではなく、これまではやり方が悪かっただけと思えれば、未来は開けます。

本書を通じて自分に合った（全部とはいいません、ひとつでも）記憶法を身につけて、今後の人生を充実させてもらえれば幸甚この上ありません。

和田秀樹

図解 大学受験の神様が教える 記憶法大全

PART 1 記憶のメカニズムを知ろう

PART 2

仕事に活かせる！　社会人のための記憶術

PART 3 想起力を高める記憶法

PART 4 記憶力トレーニング

PART1
記憶のメカニズムを知ろう

01 大人になってからでも記憶力は伸ばせる

年を重ねても脳細胞は死なない

一般に「年をとると、記憶力は衰える」とよくいわれます。これは年とともに脳細胞が死滅し、記憶を司る前頭葉の働きも衰えてしまうと思われるからです。

しかし、カリフォルニア大学のマリアン・ダイアモンド博士の研究によれば、「活発に働く正常で健康な脳においては、加齢による脳細胞の損失はまったく見られない」ということが立証されています。

年齢とともに変化する記憶力の特徴

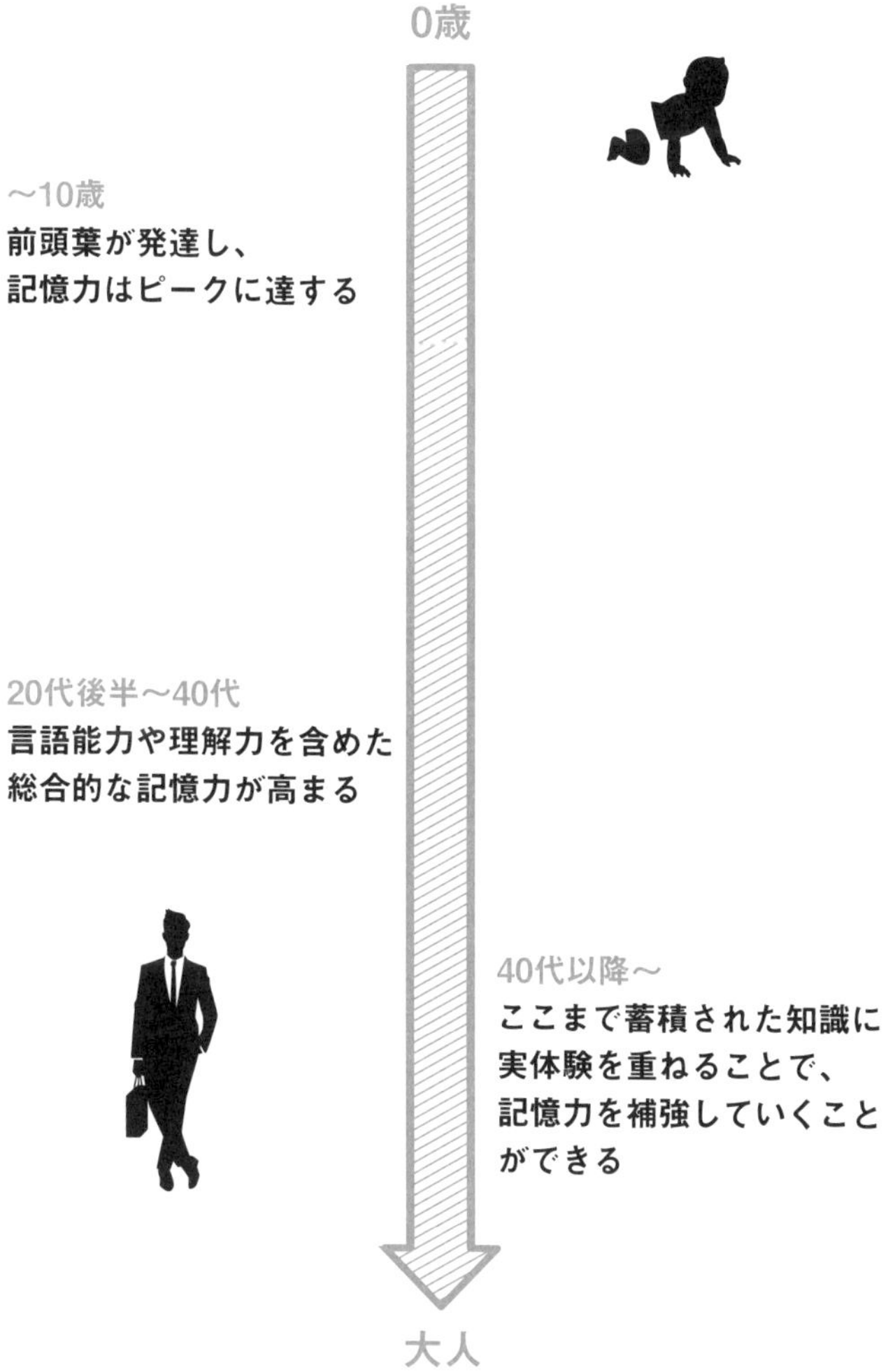
0歳
～10歳
前頭葉が発達し、
記憶力はピークに達する
20代後半～40代
言語能力や理解力を含めた
総合的な記憶力が高まる
40代以降～
ここまで蓄積された知識に
実体験を重ねることで、
記憶力を補強していくこと
ができる
大人

そして、これまで考えられてきた以上に、人間の脳は生涯にわたって、毎日膨大な量の情報を取り込み、記憶し続けられることがわかってきました。

つまり、年をとっても、脳をしっかりと使っていれば脳細胞を衰えさせることなく、記憶力も維持できるということになります。

大人になるほど記憶力はより強化される

記憶を司っているのは脳の司令塔である前頭葉で、神経回路がつくられる10歳までの間をどう過ごしたかによって決まります。この期間に多くの経験をし刺激を受ければ、前頭葉の神経回路は活発になり、記憶力も高くなっていきます。

では、それ以降は記憶力を伸ばすことができないのかといえば、そうではありません。

記憶力は、単純に数字を丸暗記するような能力だけでなく、**情報を理解するための言語能力や理解力などを含めた、総合的な能力**です。

子どもの頃は単純暗記が得意ですが、学習していくことで知識が増え、そこに実際の経験と理解する力を積み重ねていくことで、記憶力をより確かに補強していくことができるのです。

ではなぜ、年をとると物覚えが悪くなったと感じてしまうのでしょうか。

それは、年をとると記憶力が落ちると思い込んでしまうという自己暗示によるもの。それを脳が信じることによって、人は脳を使うことをやめ、必然的に記憶力は低下してしまうのです。

ですから、まずは年をとっているからといって、記憶力に自信を失くすことをやめればよいのです。苦手意識を持たずに、脳を活発に使い続けることで、若い頃よりも記憶力を高めることも可能だといえるでしょう。

Point

年齢によって記憶の仕方は変化していく
まずは自分に合った記憶法を知ろう

LESSON

02 記憶の3ステップは「覚える」「保つ」「思い出す」

まずは記憶する過程を3段階に分けて考える

記憶とは、まず「覚える」「覚えたことを保つ」「思い出す」という3段階に分けて考えることができます。

これらを専門用語では、「記銘」「保持」「想起」といいます。

「記憶する」こととは、単純にものを覚えることと考えられがちですが、覚えたことをしっかりと脳の中に記憶し続ける「保持」も、とても大切な機能です。

年をとると、よく芸能人の名前が喉元まで出かかっているのに、どうしても出てこないということがありますよね。これは、頭の中のどこかにはその名前がちゃんと保持されているのに、思い出すことができないという状況です。

人間の記憶とは、一度覚えてしまうとそう簡単には消えるものではないといわれています。ですから、この**保持されている記憶をきちんと思い出すための「想起」**という機能も、非常に重要になってきます。

「想起」には2パターンある

では、**思い出すこと＝「想起」**について説明していきます。この重要な機能には、「再生」と「再認」の2種類があります。

たとえば電車などに乗っていて、次々と視界に飛び込んでくる景色を見て、自然と過去に見た別の場所を思い出したりすることがあります。これは、頭の中に自由に思い浮かんでくる記憶のことで、**「再生記憶」**といいます。

そしてもうひとつが、先ほどの芸能人の名前のように自らある特定の情報を選択して思い出そうとする「再認記憶」です。

この再認記憶がうまく機能しているかどうかで、記憶力がよいと感じたり、逆に衰えたと感じたりすることになるのです。

ですから、年をとって物忘れがひどくなったなと思っても、一度覚えたことであれば、頭のどこかには記憶があって情報が消えてしまったのではない、ということを覚えておきましょう。再認記憶を有効にするための方法もきちんとありますので、追って紹介していきます。

つまり「記銘」「保持」「想起」という3つの機能を強化していくことで、記憶力は何歳になっても伸ばすことができるのです。

年をとったからといってあきらめずに、脳を使い続けることを心がけてください。

Point
記憶力は、記銘・保持・想起という3つの機能を強化すれば、いくらでも伸ばすことができる

記銘・保持・想起という「記憶」の３ステップ

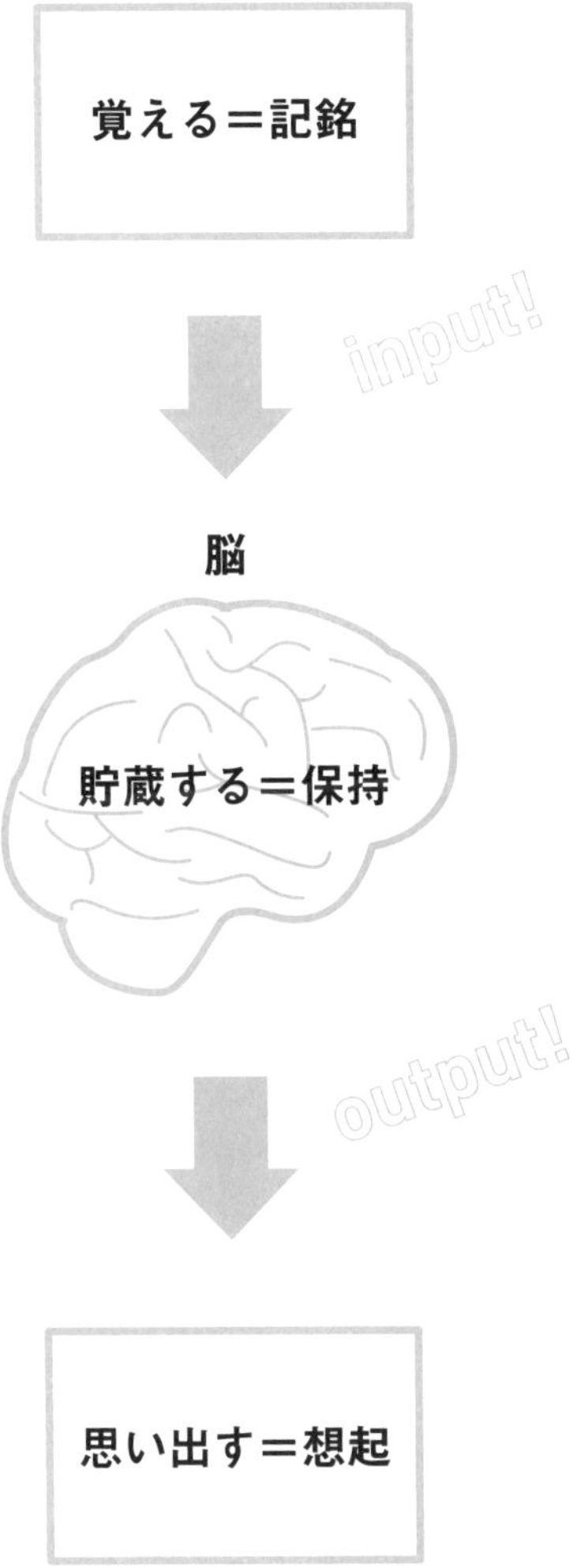

LESSON

03 一瞬で忘れる「短期型」の記憶と一生覚えている「長期型」の記憶

大切な記憶は長期記憶に変換すべし

記憶には、覚えてもすぐに消えてしまう「短期記憶」と、ずっと保持し続けることができる「長期記憶」があります。

たとえば、郵便番号や電話番号などを一瞬覚えたと思っても、すぐに思い出せなくなることがよくありますよね。これがまさに短期記憶で、時間にすると1分以内の保持しかできていないということになります。

人間の記憶は、新しい情報が入ってくるたびにどんどん上書きされていきます。一度きりのインプットで終わってしまえば、一瞬前のことでもすぐに忘れてしまうものなのです。

以上のような**「短期記憶」**を専門的にいえば、「20秒～1分以内しか保持できない記憶」ということになります。

感覚的にいえば、試験勉強のために一夜漬けで覚えた数日の保持しかできない記憶や、一度読んだだけでうろ覚えの本の知識なども、短期記憶に分類できるかもしれません。

記憶は思い出さなければ想起しづらくなる

人間の記憶というのは、記憶してから9時間までの間に保持率が急速に低下していきます。覚えたつもりでも、この時間内で忘れてしまうような記憶を「中期記憶」といいます。

もし、もっと長期的な記憶にしていきたいと思ったら、保持できている間にもう一度復習することが重要になってくるでしょう。

また、保持できていたとしても、なかなか想起できない記憶もたくさんあります。そしてそのまま想起しようとしなければ、さらにどんどんと記憶の奥深くに紛れ込んで、引っ張り出すことが難しくなってしまいます。

「江戸幕府は西暦何年からはじまりましたか?」と、受験勉強のために覚えた歴史の年号などを聞かれてもなかなか思い出せない……。そんな経験は、誰しもあるのではないでしょうか。正解を聞いて、ああ、そうだったと思い出すことができたとすれば、それは保持はされていたけれど長い間想起しなかったために、想起されづらくなってしまったということなのです。

ですから、長期記憶にしていくためには、繰り返しインプットすることと、定期的に想起することを心がける必要があるでしょう。

Point

短期記憶は1分以内、中期記憶は9時間以内、長期記憶は一生覚えていられる

記憶してからの時間とその記憶の保持率

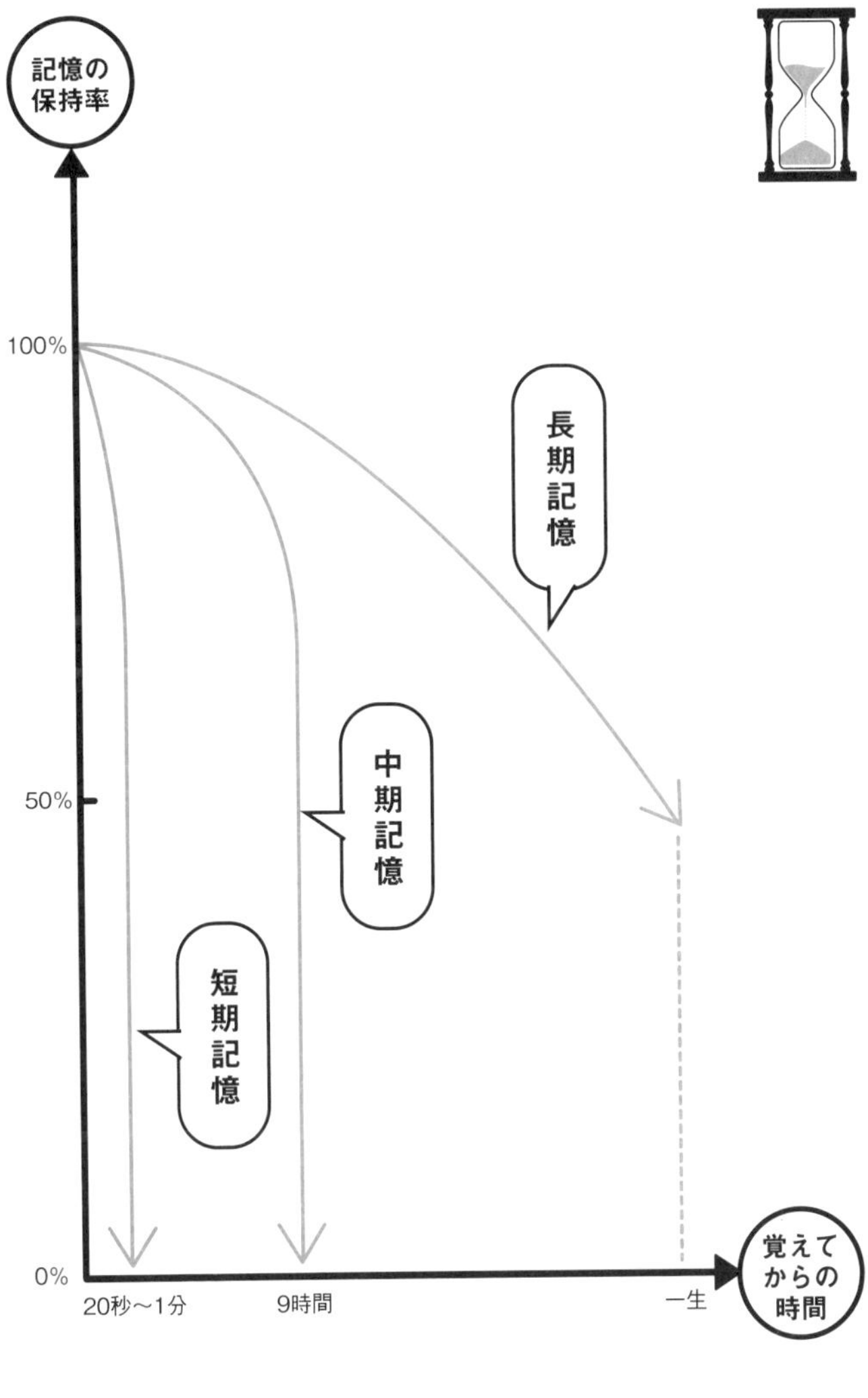

LESSON

04

情報の上書きが記憶をさまたげる

記憶の「逆向抑制」とは

記憶は、起きている間中どんどん上書きされています。自分で意識的に取り入れた情報はもちろん、意識しないうちにも、脳は情報を勝手に取り込んでいます。

実は、この膨大な上書きによって、脳は記憶を想起しづらくなるというやっかいな現象が起こります。これを「逆向抑制」といいます。

心理学の実験では、記憶が上書きされない睡眠中には想起できることが減らないという結果も出ています。

人生経験が長いほど上書きの量も増えていくわけですから、それまで覚えてきたことの想起は余計に困難になっていきます。

逆につらい体験をしても、その後よい環境に恵まれればその体験を思い出さなくなったり、誤った情報をインプットしても正しい情報に上書きできたりするという意味では、人間が健全に生きていくために必要な機能であるともいえます。

「逆向抑制」を軽減するための４つの対処法とは

脳内の神経回路は相互に関係しているため、**情報を続けざまに送ってしまうと記憶が定着しにくくなります。**

この逆向抑制の対処法をご紹介しましょう。まず、**数回に分けて記憶すること。**たとえば試験勉強などで2時間続けて暗記するより、1時間ずつ2回に分けて暗記するなどの工夫をすると覚えやすくなります。途中でインターバルを設けることで気分転換にもなるでしょう。

また、繰り返しインプットする「復習」という記憶法もこれと同じ原理です。一度インプットした後、少し間隔を空けてからもう一度インプットすることで記憶は補強されます。

そして何より心がけたいのは、意識して書き込む情報については、とにかく「余計なこと、無駄なことは覚えない」ということ。インプットの段階で、使える知識だけを記憶するために情報の取捨選択を行うのです。知識の豊富な人になりたいからといってやみくもに情報を詰め込んでも、意味はありません。想起できる状態で記憶を残すことこそが重要です。

インプットする情報は少なく、それでいて頭に残る知識は多く。これが、理想的な記憶です。

Point

インプットする情報はできるだけ少なく、頭に残る知識は多くすること

逆向抑制を軽減する４つの対処法

1. 一気にではなく、数回に分けて記憶する

↓

2. 繰り返し記憶する

↓

3. 余計なことは覚えない

↓

4. 想起できる状態で記憶を残す

05 大人になっても学生時代と同じくらい記憶する方法とは？

学生時代の記憶法を思い出してみよう

若い頃は年号や英単語などをたくさん覚えられたのに、年をとってしまってなかなか記憶できない……と嘆いている人をよく見かけます。

しかし、考えてみれば学生時代は勉強することが生活の中で最優先だったわけですから、**試験勉強のたびに何度もインプットを繰り返すことで知識を吸収**できていました。つまり「保持」するための時間を、たくさん割いていたのです。

それが**社会人になると、大抵は一度インプットしただけで終わってしまいます。**

つまり「保持」についての努力を怠ってしまっているのです。

たとえば、「この本の知識は非常に役に立つから覚えたい」と思ったときに、マーカーを引いてノートにまとめて、テストをして……と、きっちり手順を踏んでいる大人がどれだけいるでしょうか。

東大生でさえ、一度見ただけで覚えてしまうなんて人はほとんどいません。それなのに、大人になると復習するということを忘れてしまう人が案外多いのです。

逆に、**暗記を最優先にして学生時代と同じ勉強法を行えば、当時の記憶力に近いところまで覚えることが可能だと**いえます。

「目的」を持つことで脳が情報を集めはじめる

とはいえ、大人は学生時代のように暗記を最優先にはできません。どうすれば効率よく記憶することができるのでしょうか？

それには、**まず記憶するための「目的」を持つことです。**目的を持つことで、その物事に対して関心や興味がわき、自然と注意力が働きはじめます。脳が必要な情報を勝手に集めはじめるといってもいいでしょう。

そして、効率よくインプットが行われ、より多くの知識を記憶することができるようになるのです。

たとえば、野球が大好きで選手について非常に詳しい人は、まさに強い関心と目的を持って知識をどんどん収集し、インプットしています。

復習する時間が持てるならばそれにこしたことはありませんが、それが難しい場合は、「目的」を持って記憶することが、大人の記憶にとって非常に重要です。

Point
繰り返し復習する時間がない大人は目的を持つことで記憶の効率を上げる

学生時代と社会人における復習に対する意識の差

LESSON

06 高度情報化社会で「知識」を持つことの意味

昨今、インターネットで世界中から自分の欲しい情報を入手することができるようになり、「高度情報化社会」という言葉も生まれました。

スマホや持ち運びに便利なノートパソコンもさらに薄型化し、いつでもどこでもわからないことを調べることができます。

ここまでくると、情報が簡単に手に入る世の中になったのだから、わざわざ記憶して物知りになる必要がなくなった、と考える人も多くなることでしょう。学校教育でも「いままでのような詰め込み教育は無用だ」とまでいわれ、実際にしばらくの間、日本では「ゆとり教育」が行われていました。

しかし、実際にはその逆で、物知りである人とそうでない人の差がさらに大きくなってしまったのです。

基礎知識を身につけ より質の高い情報を得る

たとえば、2人の人物がネットで経済に関するニュースを調べたとします。1人は経済に関する基礎知識をしっかりと持っている人、もう1人は知識がほとんどない人です。

知識のない人は、**経済の情報に対するリテラシーがない**ので、何をどう読んでいいのかわからないのですが、**知識を持っている人はさまざまな情報に基づき、さらに豊富な情報を手に入れることができる**ようになりました。

また、英語に対するリテラシーがあれば、日本経済を世界のニュースがどう報じているかも知ることができます。

これまでは情報量が限られていただけに、知識を持っている人とそうでない人の差があまりありませんでした。しかし、**高度情報化社会になり、世間に流通する情**

報量が爆発的に増大した結果、情報を読みとるために必要なリテラシーと知識のレベルも高くなりました。そのため、知識のある人とない人の差が格段に開いてしまったのです。

これこそが、「知識社会」というものの本質であるといえるでしょう。

いつでも情報を手に入れられる今こそ、多くの知識を持った人間が質の高い情報を入手して、より有利な立場に立つことができるのです。

Point

高度情報化社会の今こそ
豊富な知識がより重要になる

「知識社会」における情報収集の構図

LESSON

07 睡眠不足は記憶力低下の最大の原因!?

睡眠は体よりも脳を休ませることが目的

脳科学の研究では、さまざまな実験によって睡眠不足が記憶力を低下させる大きな原因のひとつであるということが立証されています。

睡眠は体を休める以上に、脳の神経細胞の疲れを取る働きがありますから、睡眠が不足すると、日中に膨大な情報を処理している脳の乱れた神経回路や伝達ルートの修復が行われなくなってしまうのです。

脳科学の仮説によれば、人間の脳は睡眠をとっているあいだに、その日に経験したことや学習したことを書き込むともいわれています。なので、もし試験勉強などで睡眠時間を削り、脳をほとんど休ませることなく、何十時間も情報を取り込み続ければ、当然記憶の効率は低下します。

また、睡眠不足（睡眠時間5～6時間）の日が続くと、「睡眠物質」と呼ばれるホルモンの分泌が低下し、**とくに発育や細胞の修復に関わる成長ホルモンや、脳内に発生する活性酸素を無毒化するグルタチオンなどが不足し**、神経細胞の働きを弱めることになります。

理想の睡眠時間は6～7時間前後

睡眠をとることは、脳全体を活発に機能させるためにも非常に重要です。

ですから、効率よく記憶するために、まずは**6～7時間程度の質のよい睡眠をしっかりとることが大切**になります。

そのためには、毎日の就寝時間を一定にすることがポイントで、とくに**午後11時**

〜午前0時の間に就寝することが理想的だとされています。

就寝時間が乱れると、体内時計が狂ってしまってすぐに寝つけなかったり、なかなか熟睡できないなどの睡眠障害につながることがあります。

毎朝、午前6時頃には起床し、すっきり目覚めるといった規則正しい生活リズムをつくることが、脳の機能を正常に働かせ、集中力と記憶力を高めることにつながるのです。

十分に睡眠をとった万全の状態の脳で、短時間、数回に分けた記憶を行い復習することで、時間のない社会人でも、学生時代に負けないくらい知識を増やしていくことができるはずです。

Point

規則正しい生活が脳の機能を正常にはたらかせ、集中力と記憶力を高める

神経細胞を修復する睡眠時の脳の様子

LESSON

08 記憶の効率を高める10の基本原則

イメージづけと関連性が記憶の効率を上げる

記憶や想起の際に、重要な手がかりとなるのが「イメージづけ」と「関連性」です。単に情報をインプットするより、この2つを活用することで効率よく記憶を行うことができます。

ここではその基本原則を紹介します。記憶したい情報に適した原則を探して活用してみてください。

原則1は、五感（視覚、聴覚、嗅覚、味覚、触覚）から得られる情報に意識を向けること。そうすることで記憶はより強化され、必要なときに想起しやすくなります。

原則2は、情報を大げさに誇張させること。大きさや形、音などで誇張されているものは想起しやすいとされています。

原則3は、リズムと動きのあるイメージにすること。歴史の年号などを語呂合わせで覚えるのも、この原則に従ったものです。

原則4は、「色」をイメージづけること。色は記憶を鮮明にし、物事を覚えやすくします。消防車といえば赤色がすぐ連想されますね。マーカーなどでカラフルに彩り、視覚効果を活用しましょう。

原則5は、「数字」を使うこと。数字によって整理・順序づけを行い体系立てることで、膨大な記憶から必要な情報が引っ張り出しやすくなります。箇条書きなどがこれにあたります。

原則6は、「記号」を使うこと。ブランドロゴや道路標識などはまさにこの原則を活用したものです。記号ひとつで瞬時に多くの情報を思い出すことができる効率的な記憶法といえます。

原則7は、「順番」をつけてパターン化すること。これも体系づけて整理する方法です。また、色や大きさなどでグループ分けしたり、距離や高さ、年齢、場所などで分類してもよいでしょう。

原則8は、「魅力的」なイメージづけをすること。人間は魅力的なイメージを持ったものに対して強い関心を示すので、記憶しやすくなる傾向があります。

原則9は、「ユーモア」を活用すること。面白いことは記憶に残るものです。思い出すと楽しい気持ちになれるので、ふたたび想起しやすくなります。

原則10は、「ポジティブ」なイメージにすること。ネガティブよりポジティブなイメージのほうが、想起しやすくなります。脳は、わくわくして居心地がよい状態に戻りたがるものだからです。

Point

やみくもに記憶しようとするのではなく その情報にあった覚え方で効率を上げる

イメージと関連性を活用した記憶の基本原則

原則1	「五感」を使う
原則2	情報を「誇張」させる
原則3	「リズムと動き」を関連づける
原則4	「色」をイメージづける
原則5	「数字」を使う
原則6	「記号」を使う
原則7	「順番」をつけパターン化する
原則8	「魅力的」なイメージづけをする
原則9	「ユーモア」を活用する
原則10	「ポジティブ」なイメージにする

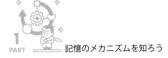

暗証番号は馴染みのワードをひと工夫して推測されにくい番号を設定

たくさん覚えなくてはならない数列といえば、まず暗証番号があります。忘れないようにと、自分の誕生日や住所などを暗証番号にする人が多いようですが、これは防犯上とても危険です。もし身分証を入れた財布ごと紛失して他人に盗られてしまった場合、身分証に記載された個人情報などから暗証番号を推測される可能性も高く、登録内容を悪用した被害にあうこともあるからです。

そこで、身近な情報にひと工夫するだけで安全になる暗証番号の作り方をご紹介します。

まずは、あ～わ行のそれぞれに1から番号をふった表をつくります。あ行は「1」、か行は「2」…という具合です。そして絶対に忘れないワードを決めます。このとき自分や家族の名前、会社名などお財布の中身から推測されやすいものは避けましょう。

ワードは、たとえば祖母の名前で「薫子」を使うとします。これをさきほどの表に当てはめていくと、「か」はか行で「2」、「お」はあ行で「1」、「る」はら行で「9」、「こ」はか行で「2」で、「2192」となります。

このように暗証番号を設定すれば、「薫子」という名前を忘れないかぎり、何度でも思い出すことができるのです。

ほかにも名前と誕生日をからめて作る方法なら、10日生まれのクニコさんで「くに（92）」

＋10＝「９２１０」。

生年月日の数字＋各位1とすれば、（１９）７２年３月５日生まれで、「８３４６」となります。

このように馴染みのワードをひと工夫すれば、推測されにくい暗証番号を設定でき、覚え方も簡単になります。自分にあった設定方法を試してみましょう。

PART2

仕事に活かせる！
社会人のための記憶術

LESSON

09 「注意」「目的」を意識すれば、脳が自然に覚えはじめる

目的を定めて脳に情報を取り込む

物事を記憶するうえで重要なのは、「目的」を持つことです。目的があれば、おのずとそこに関心が向くようになり、注意(=アテンション)が払われます。すると、脳はスイッチを押したように働きはじめ、それに関する情報をグングン取り込むようになります。脳が自然に情報を集めている状態といっても過言ではありません。

逆に目的を持たずにいると、アテンションが払われないので、情報がキャッチできなくなり、記憶としてとどまりません。人間は、アテンションが向いているものは自然に覚えられますが、そうでなければなかなか覚えられません。

鉄道ファンが車両の形式や駅の名前をびっくりするほど覚えていたり、サッカー好きが海外の選手の名前やポジションをすらすらといえたりするのは、常に関心が高く、どんなときでも注意が向けられているため、情報が脳に収集されやすい状態にあるからです。

もし、あなたが今後、ビジネスで自分の武器にしたい分野があるなら、「あの資格試験に挑戦しよう」「中国語をマスターしよう」といった具合に、それを目的として定めることが、記憶定着の足がかりになります。

インタレストとコンセントレーション

しかし、いくら目的を持っても、なかなか覚えられないこともあるでしょう。

実は、アテンションには2つのタイプがあります。

先ほどの鉄道ファンやサッカー好きのように、放っておいてもアテンションが向くものを「インタレスト＝関心」、資格取得や外国語習得などインタレストのないものに努力してアテンションを向ける状態を「コンセントレーション＝集中」と呼びます。

なかなか覚えられないものは後者にあたり、集中力を使わなければ記憶にとどまりません。集中力は長く続かないので、覚えられないというわけです。

これを改善する方法も、やはりいかに関心を持つかにかかっています。あまり興味がわかない分野だとしても、少しでも関心の持てるテーマからとりかかりましょう。

優れた記憶力を持っている人は、生まれもった能力が優れているのではなく、好奇心の幅が広い人なのです。

Point
人間は目的を持たないとなかなか覚えられないので、いかに関心を持てるかが記憶力の鍵

目的を持つことが記憶につながる

目的を持つ

▼

興味や関心が生まれる「アテンション」

▼

脳が働きはじめる

▼

情報がインプットされる

▼

記憶としてとどまる

アテンション

コンセントレーション

なんとか努力して
アテンションを向けるもの

▼

関心のあるテーマから
徐々に攻略していく

インタレスト

放っておいても
アテンションが向くもの

▼

関心のあることなので
すんなり記憶できる

LESSON

10 記憶するためには「理解する」ことが大切

理解することが
結局は記憶の近道になる

心理学の実験でも明らかにされていますが、物事の理解度が低いと記憶しづらいもの。当たり前かもしれませんが、わかっていないことは記憶できないのです。

たとえば、資格試験の勉強にしても、自分が学生時代に学んでいなかった分野だと、なかなか覚えられないということはありませんか。学生時代に受けていた授業と関連する分野だと、初めて学ぶ事項でも、すぐに覚えられるものです。

すなわち、記憶のインプットをスムーズにするには、**まずそのテーマを理解すること**なのです。これは50ページの「インタレスト（関心）を持つ」ということにも通じます。理解することで関心が向き、注意力が高められれば、それだけで記憶力がアップします。「理解」はインタレストと違って、意識的に高められるので、積極的に理解しましょう。

それに、つまらなく感じていたテーマも、理解することでだんだん興味が広がり、面白くなっていくものです。

勉強の必要性を感じたら、自分にとって理解しやすい本を選んだり、先生についたり、自分に合った学校を探すのもよい方法です。

「記憶する」といっても、むやみやたらと暗記するのではなく、**一度理解したほうが結局は近道**なのです。

知ったかぶりや 見栄には要注意！

理解が記憶定着へのステップだとしたら、知ったかぶりや見栄はNG。40代くら

いになると、わかりやすい入門書を避けたり、わからないことを他人に聞けなくなったりするもの。年齢を重ねるにしたがって、記憶力が落ちるのは、実はこの基礎知識の欠落が落とし穴になっています。

入門書を買う際は、**書店で平積みになっている本の中から選ぶのがおすすめ**です。平積みされている本は、棚に並べられている本よりも売れている証拠。できれば、そのほかにもう1冊買って、質のいい情報や知識を多めに蓄えましょう。

また、自分の理解度を確認することも大切です。理解度をはかるためのやり方として**「黒塗り勉強法」**があります。本来は復習効果をねらった勉強法ですが、自分の理解度をチェックするのにも利用できるので、左のページでご紹介します。

Point むやみやたらと暗記するよりも、まずそのテーマの基礎をしっかりと理解することが記憶定着の近道

理解度をチェックする「黒塗り勉強法」3ステップ

STEP 1 テキストを読みながら、重要な用語や説明の文章を□や下線でチェック

労働者は、その養育する一歳に満たない子について、その事業主に申し出ることにより、育児休業をすることができる。ただし、期間を定めて雇用される者にあっては、次の各号のいずれにも該当するものに限り、当該申出をすることができる。

一　当該事業主に引き続き雇用された期間が一年以上である者

二　その養育する子が一歳に達する日を超えて引き続き雇用されることが見込まれる者

（育児休業、介護休業等育児又は家族介護を行う労働者の福祉に関する法律　第五条より）

STEP 2 ポイントとなりそうな用語を塗りつぶし、暗唱する

労働者は、その養育する[redacted]について、その[redacted]に申し出ることにより、育児休業をすることができる。ただし、期間を定めて雇用される者にあっては、次の各号のいずれにも該当するものに限り、当該申出をすることができる。

一　当該事業主に引き続き雇用された期間が[redacted]である者

二　その[redacted]が[redacted]を超えて引き続き雇用されることが見込まれる者

（育児休業、介護休業等育児又は家族介護を行う労働者の福祉に関する法律　第五条より）

STEP 3 黒塗り部分を暗唱できるようになったら、さらにその周辺も塗りつぶし、暗唱できるようにする

労働者は、その養育する[redacted]について、その[redacted]に申し出ることにより、育児休業をすることができる。ただし、[redacted]にあっては、次の各号のいずれにも該当するものに限り、当該申出をすることができる。

一　当該事業主に引き続き雇用された期間が[redacted]である者

二　その[redacted]が[redacted]を超えて引き続き雇用されることが見込まれる者

（[redacted]、[redacted]等育児又は家族介護を行う労働者の福祉に関する法律　第五条より）

LESSON

11 書くことで脳が活性化する「筆記記憶法」

手は第二の脳。

理解しながら書いて覚える

手を使ってひたすら書いて覚えるのが「筆記記憶法」です。

記憶するためには、何も目で見て覚えるだけが唯一の方法ではありません。声に出して読んだり、耳で聴いたり、歩き回ったりするのもひとつの手。そのほうが脳が活性化するからです。

なかでも、手で書く行為は有効です。なぜなら、手には5本の指から手首まで多くの神経細胞が集まり、それが脳にリンクしているから。**「手は第二の脳」**といわれているほどです。

手を使って多くの知識を得ている人といえば、作家がよい例です。彼らは元々物知りなのではなく、調べたことを理解し、手で書き、文章にしていくことで物知りになっていきます。理解が記憶にとって重要なステップであることは前に記したとおりですが、さらに情報を復習しながら書くので、より知識が貯蔵されていきます。

一般の人ではなかなか本を書く機会はありませんが、**ブログやフェイスブック、ツイッターでも同じ効果が見込めます。**できれば、自分の記録や思ったことを書くのではなく、自分で極めたいテーマやニュース的な情報を書きとめたりするのをおすすめします。そうすることで、専門的な知識が増したり、ビジネスの場で必要な情報をすぐに脳から取り出せる状態になります。

メモをとるときは 要約や図で整理しながら

筆記記憶法は、どんな状況でも使えます。英単語や難しい漢字を覚えたいとき、

講演や会議の内容を記憶したいときなど、とにかくノートにメモすればよいのです。目で覚えるのに比べ、より多くの神経細胞を使っているので、スピーディーに正確に覚えられます。

英単語や漢字は、とにかく覚えるまで繰り返し書くのがコツ。

講演や講座の内容を自分のものにするためには、ノートのとり方を工夫してください。だらだらと文章で書くより、**ポイントやキーワードを矢印や囲みを使って書きとめる**ようにすると効果的。すっきりと整理されていたほうが、理解度が上がるからです。

また、話し手の言葉だけでなく、自分の感想やイメージを書き添えておくと、後々、思い出しやすくなります。

Point

繰り返し書いたり、整理して書いたりすれば、理解が促されて記憶力も高められる

複雑な文章も、手を使って整理すればわかりやすい

1556年にカール5世が退位すると、ハプスブルク家はスペイン系とオーストリア系とにわかれた。スペイン王位をついだフェリペ2世は、広大なラテンアメリカ植民地のほかフィリピンをも植民地化し（フィリピンの名はフェリペ2世に由来する）、1580年には王統のたえたポルトガルを併合した（1640年まで）結果、文字どおり「太陽の沈まぬ」大帝国をつくりあげた。そしてヨーロッパでもネーデルラント・ナポリなどを領有して、国際的な対抗宗教改革運動の先頭にたった。

スペインの敵対国フランスでは、16世紀のなかばころユグノーとよばれるカルヴァン派のプロテスタントが、政府の弾圧にもかかわらず勢力を増していた。プロテスタント・カトリック両教派の対立は、1562年から約30年にわたる内戦（ユグノー戦争、1562～98年）をひきおこし、スペインをはじめ諸外国の干渉を招いて国家統一をおびやかした。しかし結局、ユグノーの指導者であったブルボン家のアンリ4世〈位1589～1610年〉が王位をつぎ、国家全体の見地からカトリックに改宗したのち、1598年ナントの王令でプロテスタントにも大幅な信教の自由を認めた。

※参照：『もういちど読む山川世界史』（山川出版社）

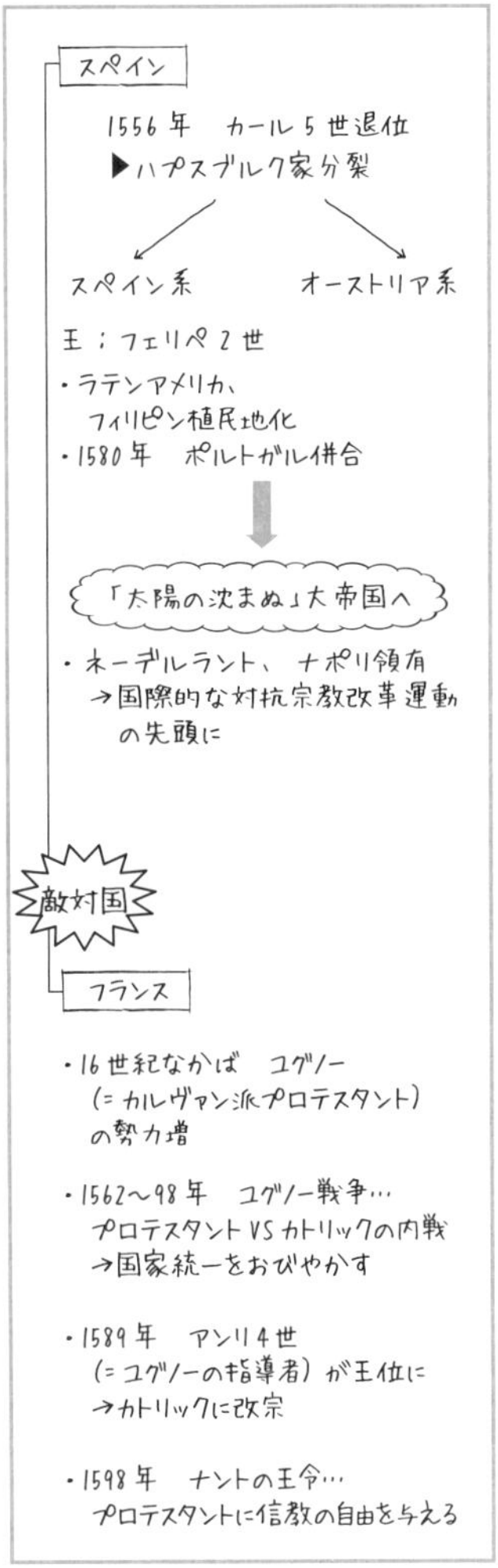

LESSON 12

「復習」すれば短期記憶が長期記憶に変わる

長期記憶を形成する復習のタイミングとは

記憶には、短期記憶と長期記憶があります。私たちが収集した情報は、まず短期記憶として収められ、そのままにしておくとわずかしか残りません。それを忘れることなく、無意識に想起できる状態が長期記憶です。

より多くの情報を短期記憶から長期記憶に移行するには、適切なタイミングで復習を繰り返さなければなりません。

復習するタイミングはおおよそ5回。まずは、勉強して間もないうち。時間の目安としては学習した**10分後**が最適です。インプットから10分後で、人間の記憶は頂点に達するといわれています。このタイミングで復習を短時間するだけで、残る記憶量にグンと差がつくでしょう。そして、この復習により、記憶はその後およそ24時間低下することなく、ハイレベルな状態がキープできます。

2回目の復習のタイミングは、学習して**24時間後**。1回目の復習を忘れないうちに次の復習をすることで、記憶が確かなものになります。この復習により、記憶は1週間から1カ月程度、高い状態を保てます。

復習を繰り返せば
脳内で記憶量が増えていく

3~5回目の復習は、前回の復習を忘れないうちに行いましょう。3回目の復習は**1週間後**、4回目の復習は**1カ月後**、5回目の復習は**6カ月後**が目安。必要であれば、1年後や3年後に復習してみてください。このときにはたいてい長期記憶ができあがっています。

長期記憶が形成されると、意識しなくても記憶が取り出せる状態になり、自分の名前や住所のようにすらすらと想起できます。記憶は、長期記憶として保存できてこそ活かせるというもの。復習がいかに大切かわかります。

また、こうして復習を繰り返すと、記憶は脳の中で変化を起こしはじめます。なんと、それまでに学んだこと以上に記憶されている情報量が増えてくるのです。この、一見不可思議と思われる脳のメカニズムはこうです。

人間の脳は、復習を繰り返しているうちに、それまで学習した内容すべてを組み合わせる作業をはじめます。それにより、知識が関連づけられて広がっていくのです。いわば、記憶から思考の領域に入っている状態。復習は人間の脳に高度な学習の機会を与えます。

Point

記憶力がピークに達したところで
復習を繰り返せば、長期記憶が形成できる

短期記憶が長期記憶になるまで

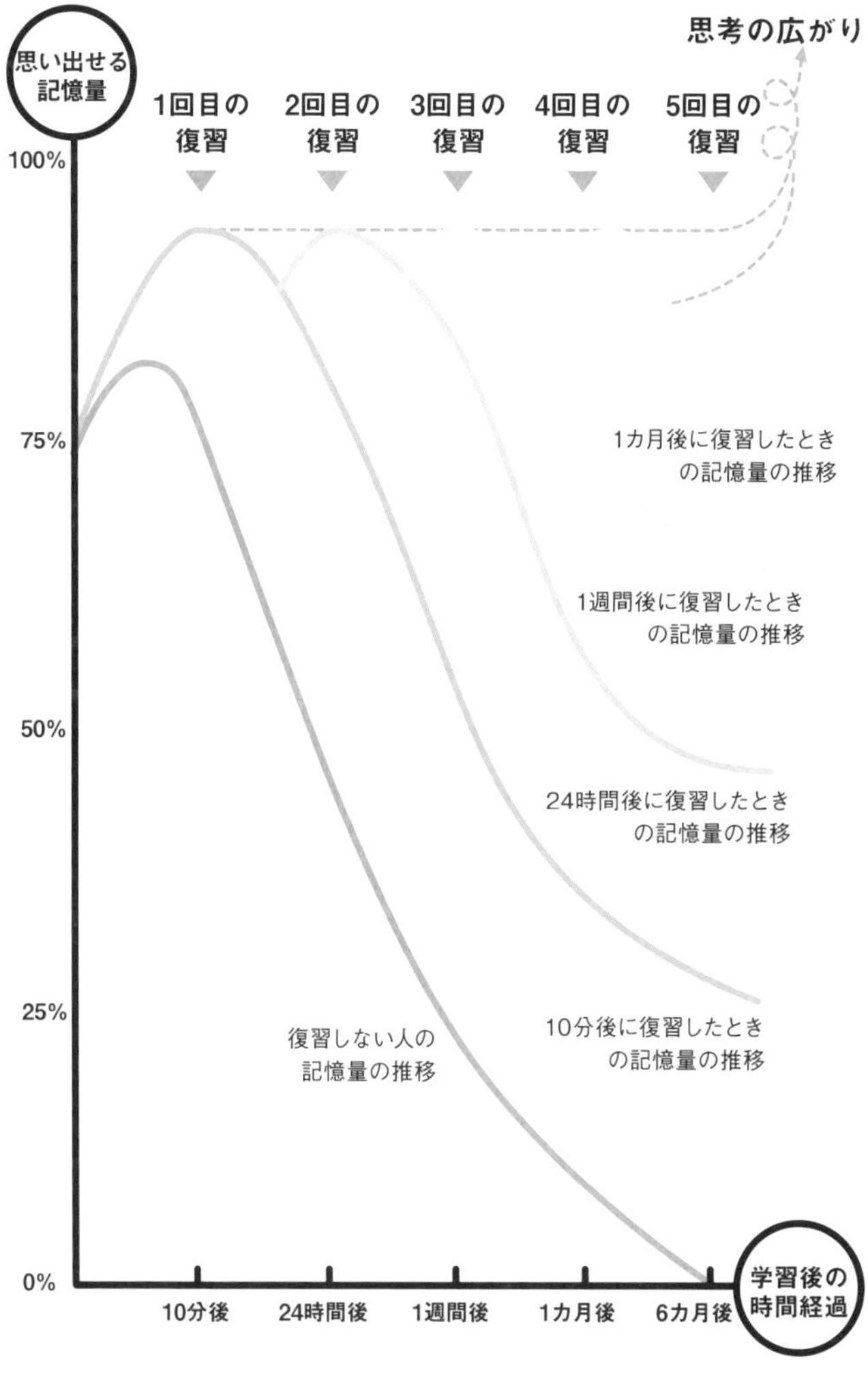

LESSON

13 キーワードをつなげて物語にして覚える「リンク法」

たくさんの項目を順番どおり覚えるのに最適

「リンク法」は、記憶したい複数の項目を組み込んで、ストーリー仕立てで覚える方法です。たくさんある項目を順番で覚えたいときに役立ちます。日本の歴代の総理大臣を初代から順に覚えたい、細かな仕事を効率のよい順番で行いたいといった場合がそれにあたります。

・**出張経費**を精算する

・仙台支社長に電話する
・仙台行きのチケットを予約
・大会議室を予約
・企画書を25部コピーする

これらをストーリーにするとこのようになります。

「出張経費を仙台支社長に盗まれた。そのかわり仙台支社長はチケットを予約してくれる。そのチケットが大会議室で踊り出したのが楽しかったので大会議室を25部コピーした」

ストーリーをつくるときは関係ない細かい要素を省いて、単純化したものにします。順番を間違えないために、キーになる項目同士が結びつくストーリーに仕立てることもポイントです。そのとき、各項目は必ず1対1で結びつけてください。

映像化とインパクトが記憶を引き出すポイント

リンク法でストーリーに仕立てるのは一見面倒だと思われるかもしれませんが、

実際にやってみると非常に記憶に残りやすいことがわかります。なぜなら、ストーリーにすることで、映像としてイメージしやすくなるからです。

私たちは物事を言葉で覚えようとしますが、そもそも子どもの頃に最初に「みかん」という物の名前を覚えるまでは、みかんの実物や絵を先に覚えているはずです。つまり、**言葉よりも映像のほうが人間は本質的に記憶しやすい**のです。

記憶を引き出しやすいストーリーにするためには、人間の感覚に訴えたほうが覚えやすくなります。そのため、ストーリーは奇想天外でユーモアがあるものがおすすめです。ありえないくらいに誇張するとよいでしょう。また、色・におい・触覚（痛みや温度）などの情報を積極的に入れることで、さらに印象に残りやすくなります。

Point

覚えたいキーワードを印象的なストーリーにすると記憶に残りやすい

キーワードをつなげてストーリー仕立てにする

出張経費を精算する→仙台支社長に電話する→仙台行きのチケットを予約→大会議室を予約→企画書を25部コピーする

出張経費 + 仙台支社長

仙台支社長 + チケット

チケット + 大会議室

大会議室 + 25部コピー

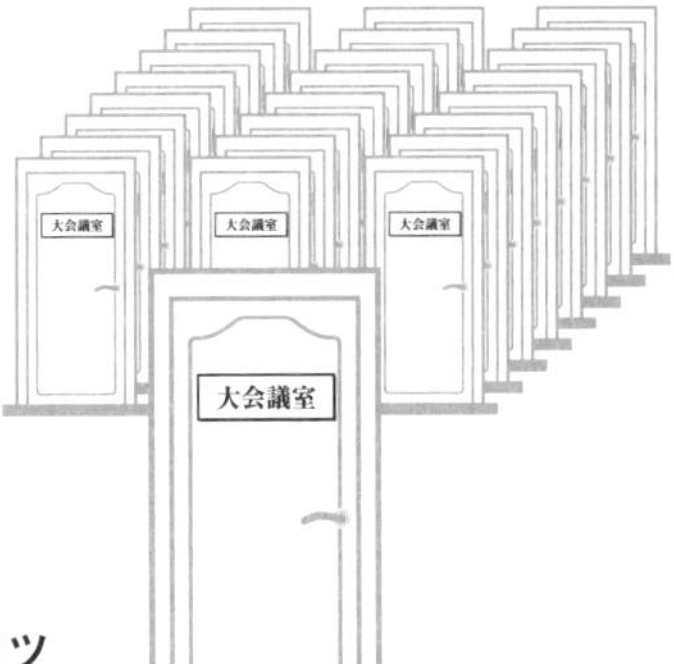

ストーリーをつくる上でのコツ

- ●単純化した話にする
- ●奇想天外なくらいユーモアを持たせる
- ●色やにおい・触感などの感覚に訴える

LESSON

14 大脳を活性化して覚える「音読記憶法」

目的意識を持たなくても
忘れることがない記憶法

中高生の頃、英語を覚えるときに声に出して発音しながら覚えていた方も多いかと思います。このように覚えたいことを音読していくのが「音読記憶法」です。この場合、「英語に挑戦しよう」といった特別な目的意識を持たなくても、自然に覚えることができます。

たとえば、幼い頃にピアノを弾いて覚えると、それから何年かブランクが空いていたとしても、自然に弾くことができ、忘れることがありません。体で覚えた記憶はそれだけ確かということ。脳だけで覚える記憶法にくらべて、忘れにくい記憶法といい換えることもできるでしょう。

このような記憶を「手続き的記憶」といいます。その中でも筋肉の利用をともなう記憶が「運動性記憶」です。筋肉や腱を動かすと、その運動は小脳を経て、記憶の中枢である海馬に伝えられ、大脳連合野に蓄積されます。

運動性記憶とは、多くの神経細胞が働くことで脳に残りやすくなる仕組みです。この運動性記憶の代表的なものに「声に出して覚える」と「書いて覚える」という方法があります。

繰り返し音読するのがより効果的なワケ

音読記憶法のやり方はいたって簡単。学習するときに本を声に出して読めばいいだけです。

本を黙々と読んでいただけでは覚えられないことも、人から聴いた情報なら自然と覚えられるもの。これは情報が聴覚から入ってきた分、単に目で見たよりも大脳の神経細胞を多く使っているためです。音読は、さらに「声に出す」という行為が加わり、より多くの神経細胞を使います。

「目で読む」行為は後頭葉の視覚野が働き、内容を理解するために側頭葉の感覚性言語野が活性化します。「声に出す」行為は前頭葉にある運動性言語野が働き、「耳で聞く」行為で頭頂葉の聴覚野まで刺激します。

これに加えて、口の周りや舌の筋肉、声帯も使っていることから、筋肉を操る小脳も働いています。

つまり、音読は大脳の４つの領域（前頭葉、側頭葉、頭頂葉、後頭葉）すべての神経細胞を活性化させているわけです。**何度も口に出して繰り返すとさらに効果的。**そう簡単には忘れられなくなるはずです。

Point
繰り返し、声に出して音読すれば忘れにくくなる

音読すると大脳の神経細胞の多くが活性化する

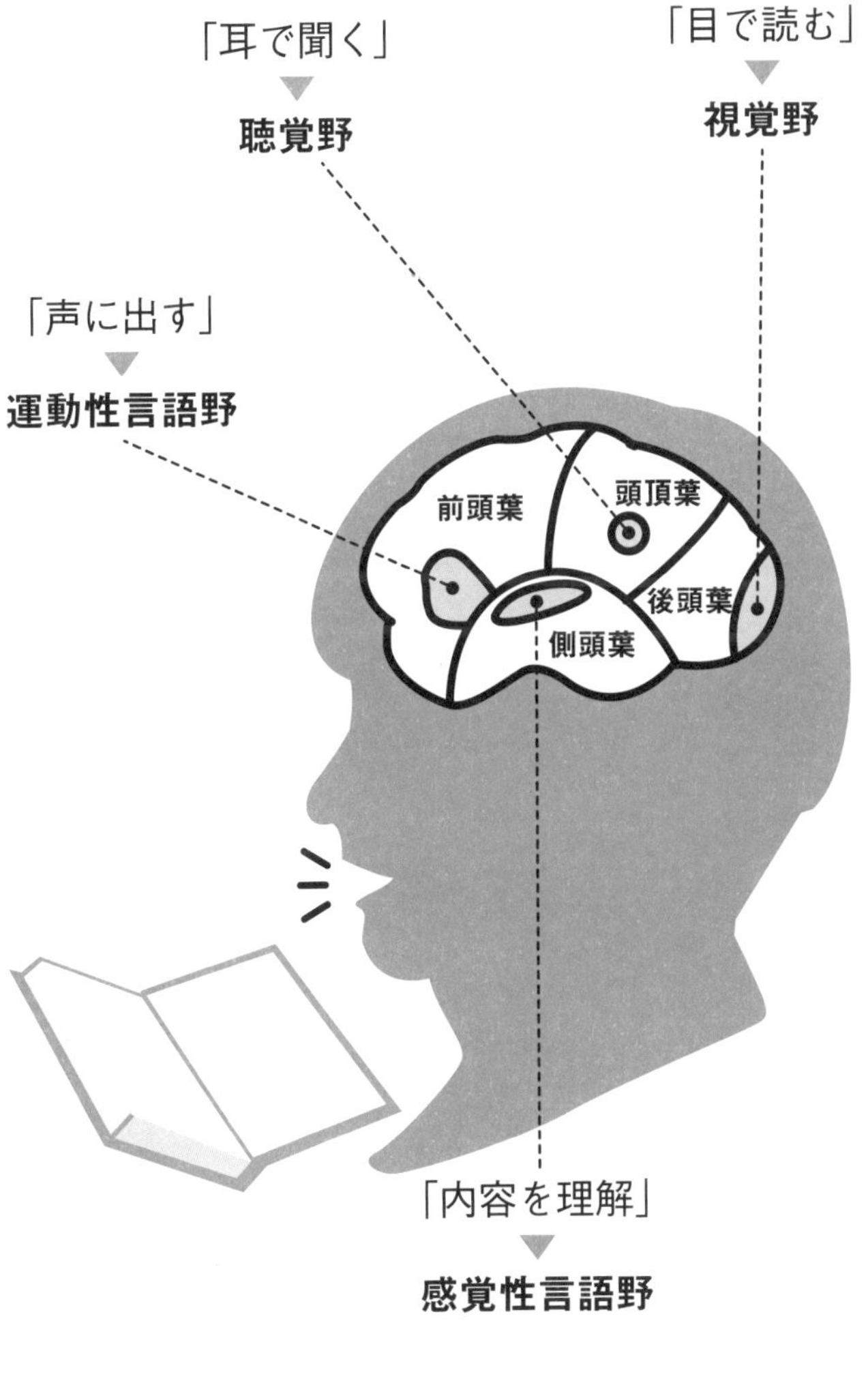

LESSON

15 頻繁に接触して覚える「貼り紙記憶法」

繰り返しの接触が記憶につながる

人間は繰り返し見ているものを自然に覚える性質があります。これを利用したのが「貼り紙記憶法」です。

私たちは、朝起きてから夜寝るまでにさまざまな情報をキャッチしています。海馬にはその情報が膨大に押し寄せてきますが、すべてが蓄積されているわけではなく、新しい情報が入ってくるたびに、古い情報は消えるようにできています。

たとえるならば、海馬は何度も上書きされる記憶装置です。一度記憶した情報も、ずっと残るわけではありません。

上書きされては困る情報があるときには、情報との接触回数を増やすことです。**繰り返し見ることで、脳が必要な情報であることを認識し**、それが記憶へとつながります。

目につく場所に貼り
たまに貼り替える

貼り紙記憶法の注意点は、とにかくよく目につく場所、何度も見る場所に、記憶したい情報を紙に書いて貼ることです。せっかく貼っても、目につかない場所では意味がありません。

貼っておく場所は、トイレのドアや壁、デスク前の仕切りや横の壁、デスクや食卓の上、壁時計の隣、ベッド横の壁、冷蔵庫……など、目につく場所ならどこでもかまいません。頻繁に目にしているうちにいつの間にか覚えていきます。

このとき、記憶したい情報はなるべく単純化したり、整理したりしたほうがよいでしょう。

また、できるだけ大きな紙に書いて視覚的にインパクトをつけることも重要です。できれば、Ａ４サイズ以上の紙に書き込みましょう。書き込む文字や図をカラフルにするという方法もあります。

見ていくうちに、だいたい覚えてきたな、と思ったら、確認作業をするのもよいでしょう。見る前に覚える部分を隠して自分なりに思い出してから、答え合わせをするように貼り紙を見ます。

こうすることで、自分が今、どれくらいの情報を記憶できているかを確認することができます。もう大丈夫と思ったら、貼り替えてみるとよいでしょう。

貼り紙記憶法は、毎日の習慣が復習のような効果を持つため、むりなく**短期記憶から長期記憶へ移行させることが可能**です。

Point 繰り返し見ることで脳が必要な情報を認識し、長期記憶として定着する

いつも目にする場所に貼る

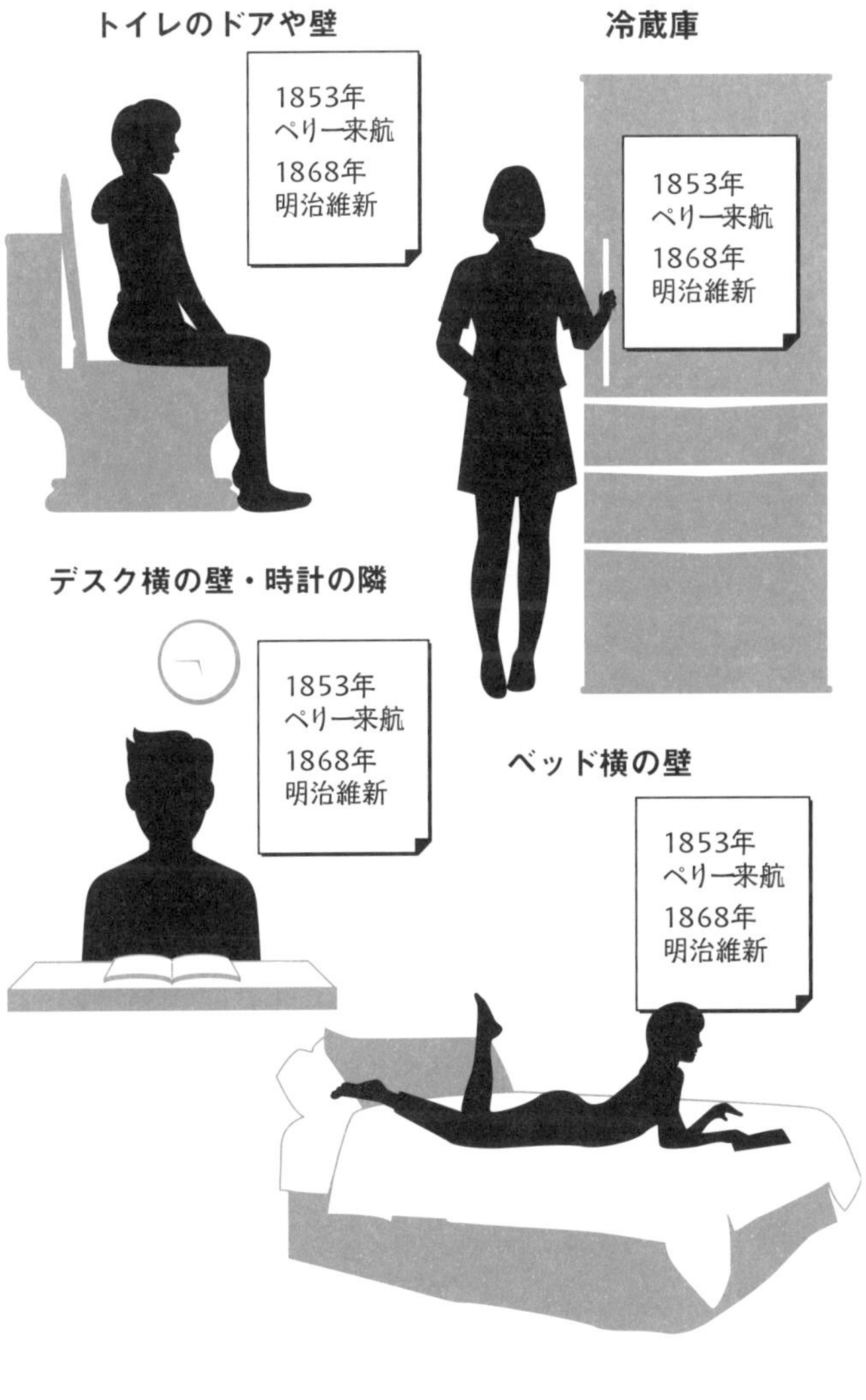

LESSON

16 自由な発想で覚える「ナンバーライムシステム」

数字の語呂合わせとキーワードを物語に

物事の順番を覚えたいときや物事をナンバリングしたいときに使えるのが、「ナンバーライムシステム」です。

これは、数字の発音や韻（ライム）の似たものを語呂合わせで記憶しておき、その数字と物事を重ね合わせてストーリーをイメージして覚える方法です。

数字の語呂合わせイメージは、1はイチゴ、2はニラ、3は三角定規、4はシカ……といった要領で、はじめの音が数字と同じ発音や韻が似ているものを当てはめます。これは自分が連想しやすいものならなんでもOK。1がイチジクでも2が肉でも構いません。

こうして自分なりに1～10までの語呂合わせイメージを決めたら、次はその数字と当てはめたいキーワードをつなげてストーリーにしていきます。

たとえば、それぞれのキーワードの1がパソコン、2が鍵だったとしたら、1のストーリーは「イチゴのデータをパソコンに取り込んだら、イチゴの甘い香りが部屋中に広がってお腹が空いてきた」。

2のストーリーは、「ニラと鍵がケンカをしたら、ニラが骨折して入院した」というようにできるだけ妄想を膨らませたものにしましょう。

ユニークな物語ほど記憶力が高まる

もうお気づきの方も多いと思いますが、数字とキーワードをつなげるときは、リンク法（64ページ）と同じように、**ユニークなものに仕立てたほうが、インパクト**

を持ち、覚えやすくなります。

ストーリーをつくるときには、イメージした内容が面白く仕上がっているか、もっとオーバーにしてさらに魅力的にできないか、味覚や嗅覚・視覚・聴覚・触覚を刺激したものになっているか、物語に動きがあるか、明るく単純な内容になっているか、といったことを検証し変更していくうちに、どんどんユニークになっていきます。

こうしてイメージの膨らませ方が上手になればなるほど、記憶力もグングン上がります。子どものような枠にとらわれない発想が、ずば抜けた記憶力をつくるのです。

Point

ユニークな発想で数字とキーワードを結びつけられれば、記憶力が高まる

数字とキーワードをイメージでつなげてみよう

STEP 1 数字にイメージを当てはめる

1.イチゴ　2.ニラ　3.三角定規　4.シカ　5.ごはん

STEP 2 ナンバリングしたいキーワードをビジュアル化

1.パソコン　2.鍵　3.ボールペン　4.銀行　5.会議室

STEP 3 STEP1とSTEP2を組み合わせてストーリーにする

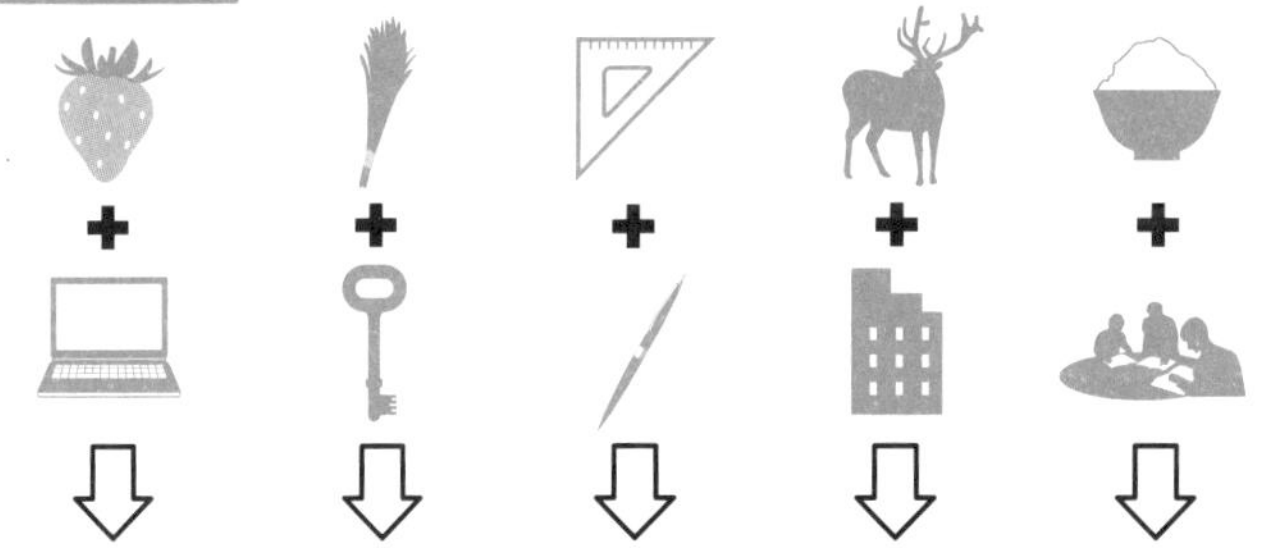

- イチゴのデータをパソコンに取り込んだら、イチゴの甘い香りが部屋中に広がってお腹が空いた
- ニラと鍵がケンカをしたら、ニラが骨折して入院した
- 三角定規の中にボールペンを入れたら爆発した
- 銀行に行ったら行員が全員シカだった
- 会議室に行ったらごはんが踊り出していた

LESSON

17 区切って覚える「チャンキング法」

人間は7つ前後までしか覚えられない

電話番号やURLなど長い数字や文字の羅列を覚えるとき、あなたはどうやって覚えていますか？　電話番号ならば、市外局番で区切って、3桁や4桁に分けて覚えるのが一般的でしょう。このように覚えたい情報を分割したり、グループ化したりする方法をチャンク（chunk）化またはチャンキングといいます。

人間は一度に記憶できる数に限界があります。それが、だいたい7プラスマイナス2であることから、7は**「マジカルナンバー」**と呼ばれています。これは数字のように情報の小さなものも、名前のようにある程度の情報があるものでも変わりません。人間は、不思議と7つ前後までしか覚えられないようにできているのです。

そういえば、1週間は7日ですし、虹も七色。ほかにも、七つ道具、七草など7でまとめられたものはたくさんあります。これは、7つまでにまとめたほうが覚えやすいということを、人々が経験的に察していたからなのかもしれません。

数字も地域も言葉も
グループに分ければOK

チャンキング記憶法は、数字の場合だと、電話番号の市外局番で区切るように10〜11桁の数字を3つか4つで区切ります。6526743215という数字も、65—2674—3215と区切ったほうが覚えやすくなるというわけです。

このときに、語呂合わせを使って、それぞれに意味を当てはめると、より覚えやすくなります。

先ほどの数字の場合ですと、**65（むこ＝婿）**、**2674（ふろなし＝風呂なし）**、

3215（みずいこ＝水行こう）。あまり意味はありませんが、逆に印象に残ります。

数字だけではなく、長い言葉やたくさんの情報を覚えるときもグループ分けをすればいいのです。

たとえば、CANNACGONもCAN−NAC−GONに分ければ覚えやすくなりますし、ウサギ・サル・カメ・カニもウサギとカメ、サルとカニとグループ分けすれば覚えやすくなります。

また、英語など外国語を覚えるときにも有効です。英語は単語で覚えがちですが、単語よりも熟語、熟語よりも短文で覚えたほうが、覚える個数が減り、理解が促される分、覚えやすくなります。

Point
たくさんの情報があるものは7前後に区切ったり、グループ分けをする

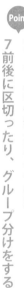

複雑なら区切ったりグループに分けてみよう

6526743215

↓

65-2674-3215

「婿《むこ》　風呂《ふろ》なし　水《みず》行《い》こう」

区切ったものを
語呂合わせすると
より覚えやすく

CANNACGON

↓

CAN-NAC-GON

「キャン」「ナック」「ゴン」

**ウサギ、サル、
カメ、カニ**

↓

「ウサギとカメ」
「サルとカニ」

LESSON

18 脳に記憶を定着させる「睡眠利用法」

睡眠が記憶の保持を高める

人間は疲れていると実力を発揮できません。

睡眠不足だと、当然、仕事でもスポーツでも能率が落ちるものですが、記憶もそうだといわれています。

まず、第一に集中力が落ちます。特に関心が向きにくい分野を覚える場合には、集中できるかどうかが記憶の鍵となります。

脳科学の分野では、**睡眠時間が5時間を切ると記憶力が明らかに落ちる**といわれています。よく眠り、すっきりした頭では、集中力が高まり、能率が上がるという経験は多くの方が感じているとおり。集中力を働かせたいのなら、**睡眠は6時間以上とりたい**ものです。

また、記憶の保持率を高くしたいというときにも睡眠を利用できます。目覚めているときよりも寝ているときのほうが覚えがよいのです。

起きていると、無意識のうちにさまざまな情報を脳がキャッチし、記憶がどんどん上書きされていってしまいます。一方、眠っている間は不要な情報はシャットアウトされています。ですから、**よく眠ることで、蓄えた情報はそのまま定着していく**ことになります。

つまり、とどめておきたい記憶があるならば、無理して起きてがんばるよりも、一度睡眠をとったほうがよいのです。

さらに、睡眠中はその日に入ってきた情報がきちんと整理されて脳に記録されると考えられています。

ストレスが記憶の低下に影響する

睡眠が脳に与える影響という点では、ストレスも無視できません。ストレスを受け続けると、海馬の一部が縮小するのです。この海馬が縮小することで、記憶が分断されるという説もあります。せっかく覚えた記憶も分断されてしまっては、しっかりと脳に刻まれません。

それに、眠りは体の疲れをとるだけでなく、**日中に受けたストレスを解消する**役目も果たしています。眠りによってストレスを解消することも、脳と記憶にとって重要な行為です。

いずれにせよ、ほどよい睡眠時間を確保し、ストレスを解消することが大切です。

Point
睡眠中は記憶の上書きがなくなり、そのまま保持・定着される

よく眠るメリット

**十分に眠ったことで、
集中力が高まる**

**不要な情報が入ってこなくなり、
記憶が保持され、定着する**

**その日に入ってきた情報が
整理される**

**ストレスが解消され、海馬の
縮小を防ぐことができる**

LESSON

19 朝の時間をフル活用「起きがけ復習法」

早朝は復習に最適なゴールデンタイム

十分な睡眠をとった翌日の朝は、目覚めもよいものです。

最近では、平日の出社前の時間を利用して、カフェやファストフード店で朝食をとりながら勉強しているビジネスマンをよく見かけます。彼らは、深夜に眠い目をこすりながら勉強するよりも朝のすっきりした状態で頭を回転させたほうがよいことを、経験上、知っているのでしょう。

早朝に勉強するのに、おすすめしたいのが、**復習による学習**です。睡眠利用法（84ページ）の通り、睡眠は前日に取り入れた情報を記憶として保持する効果があり、さらに入ってきた情報が整理されてから脳に記録されると考えられています。つまり、**起きてすぐの間は記憶の想起がうまくいきやすい状態**なのです。この時間を利用しない手はありません。前日に勉強した内容を長期記憶として想起できるようにするためにも、復習の時間にあてるのがおすすめです。

いわば、**朝の早い時間は、復習のゴールデンタイム**。うまく活用して、記憶を確かなものにしましょう。

復習の時間は
短時間で効率的に

起きがけ復習法は、出勤前の少しの時間でも構いません。これは、記憶保持と時間の関係を調べた実験でも明らかにされています。

ドイツのライプツィヒ大学の心理学者クリューガーは、一定の数の単語を覚える際の復習時間を比べる実験を行いました。すると、単語を覚えるのにかけた時間の

半分を復習の時間にあてた場合と、単語を覚える時間と復習の時間を同じにした場合では、記憶の保持に大差がないということがわかりました。

この実験をわかりやすい数値で単純化してたとえると、10の英単語を覚えるのに1時間かかったとした場合、復習に30分かけたときの正解数が8個、復習に1時間かけたときの正解数が9個というようなイメージです。

復習の時間は長ければいいというものではありません。復習の時間は短時間でもかまわないので、出勤前の時間を利用して、効率的に行うだけでOK。その差が将来、大きな記憶量の違いとなって表れてくるのです。

Point
朝の起きがけに復習を短時間行うだけで記憶の保持量に差がつく

復習にあてる時間は短くてよい

【課題】10の英単語を覚える

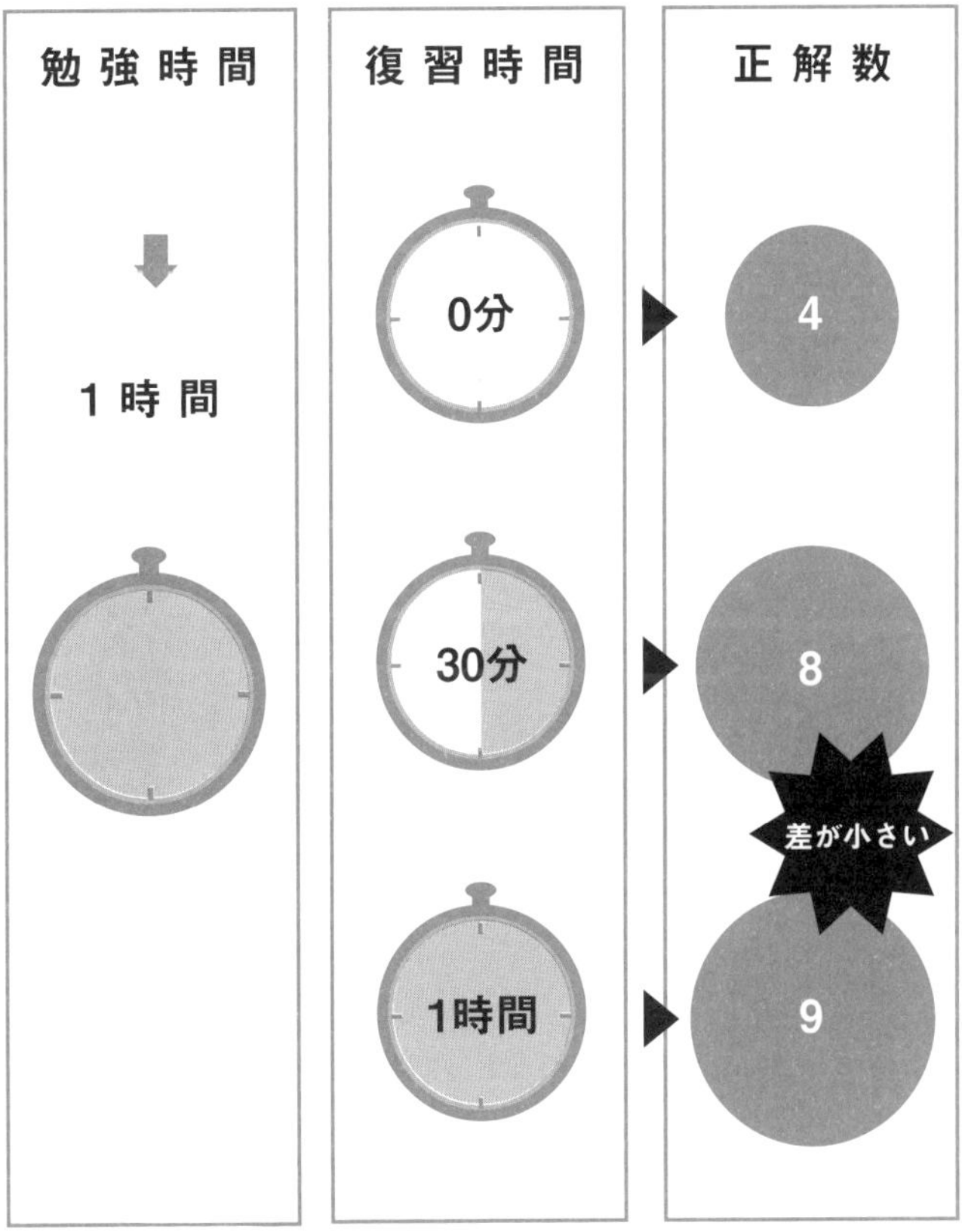

・復習は記憶の保持率を上げる
・復習にかける時間は長時間でなくてもよい

※図はクリューガーの実験を単純化したものです。

LESSON

20 類似情報はまとめたほうが記憶しやすい

「汎化」を利用して内容理解を促す

物事をそのまま丸暗記する能力のピークは、8~9歳頃だといわれています。これより先は、言語理解能力を含めてトータルに覚える記憶力が備わり、その能力は20代後半から30代まで伸び続けます。

すなわち、**大人になったら丸暗記をするよりも、内容を理解するほうに注力したほうが、記憶の定着がよい**のです。

内容を理解するために効率的な方法をご紹介します。

心理学の有名な実験に「パブロフの犬」というものがあります。これは、飼い犬に音を聞かせたあとにエサを与えるという習慣を続けた場合、やがてエサを与えなくても、その音を鳴らすだけで犬はよだれを垂らし始めるようになるという条件反射にまつわる実験です。

実は、この実験には、音の条件を変えて行われた、続きがあるのです。その条件とは、実験室でよだれを垂らす犬に、今度は2種類の周波数の異なった音を聞かせてから犬にエサをやるというもの。その結果、犬はどちらの音を聞いても条件反射でよだれを垂らしたのです。

このように、ある一定の刺激によって条件づけされると、類似の刺激でも脳が同じ反応を起こす現象を「汎化」といいます。これを人間の記憶に当てはめると、**類似の情報はまとめて覚えたほうが効率がよい**ということになります。

まとめる覚え方は思い出しやすい

たとえば、英単語を覚えるならば意味が似ているものをまとめたり、漢字を覚えるならば偏やつくりの同じものをまとめたほうが、効率的に覚えられるというわけです。

これは思い出すときにも効果を発揮します。**まとめたものをキーにすれば、連鎖的に想起しやすくなるから**です。いうなれば、まとめたものは記憶の引き出しに「取っ手」がついた状態。一度に複数のものを取り出すことができるのです。

忙しいビジネスマンほど、新しいことを学習するときには、まとめて覚えるのが効率的だといえます。

Point
類似の情報をまとめて覚えれば、記憶しやすく思い出しやすい

類似のものはまとめて覚えよう

例

【広い】

large
mass
open
rangy
thick
wide

【狭い】

contracted
incapacious
narrow
small-bore
tight

【書く】

address
compose
indite
letter
margin
write

【演じる】

clown
do
perform
play
portray
represent

【賢い】

brainy
clever
sage
sharp
smart
wise

【預ける】

charge
check
deposit
entrust
give

LESSON

21 大→中→小で覚える「3ステップ記憶法」

「分化」を理解し、物事を段階でとらえる

「パブロフの犬」の実験（93ページ）では、2種類の音を聞かせてエサをやると、どちらの音でも条件反射が起こる結果となりました。その後、さらにこの2種類の音のいずれかだけを聞かせてエサをやるという実験も行われています。

すると、しばらくそれを繰り返すと、その音を聞かせた一方だけに反応するようになることがわかりました。このように**複数の条件があるうちの特定の条件にだけ**

反応することを「分化」といいます。

パブロフの犬も、いきなりいろいろな音を聞かせても、聞き分けて反応することはできません。まずは、「音」というものを聞かせ、次に「音に種類がある」ことを理解させる。段階を踏んでこそ、実際の「音の違い」を区別できるようになるわけです。

これは、犬にだけ当てはまるわけではなく、人間にでもいえることです。

この実験でもわかる通り、物事を理解して覚えるためには、段階を踏んで覚えたほうが、結局は正確に聞きとれ、条件を見きわめられます。これは物事を整理していくうえで重要なことです。

まずは、おおまかに全体の内容を把握してから、徐々に細かい部分を理解していくほうがよいのです。

段階を踏めば理解も促される

実際にビジネスシーンで新聞や書籍の長めの文章やビジネス文書の内容を頭に入

れなければいけないときも、初めて読んでいきなり丸暗記するのはおすすめできません。まずは、全体にざっと目を通して、だいたいの内容をとらえます。次に流れを把握して、最後に細かい部分の内容をきちんとかみくだいて理解して覚えていきます。

このように、内容を**大→中→小と段階を追って覚える方法を「3ステップ記憶法」といいます。**

たとえば、ヨーロッパの歴史を覚えるにしても、最初に全体の流れをおおまかに読んで把握し、次にそれぞれの国ごとに何が起きたのかを追っていき、年号とともに覚えるというような方法です。

そのほうが、情報や知識の核心に迫ることができ、理解度が上がります。理解ができれば、覚えはよくなり、長期記憶へとつながりやすくなります。

Point
大→中→小と物事の段階を踏んで理解したほうが、記憶にとどまりやすい

おおざっぱに流れを把握してから細かい内容を理解していく

覚える内容

1556年にカール5世が退位すると、ハプスブルク家はスペイン系とオーストリア系とにわかれた。スペイン王位をついだフェリペ2世は、広大なラテンアメリカ植民地のほかフィリピンをも植民地化し（フィリピンの名はフェリペ2世に由来する）、1580年には王統のたえたポルトガルを併合した（1640年まで）結果、文字どおり「太陽の沈まぬ」大帝国をつくりあげた。そしてヨーロッパでもネーデルラント・ナポリなどを領有して、国際的な対抗宗教改革運動の先頭にたった。

スペインの敵対国フランスでは、16世紀のなかばころユグノーとよばれるカルヴァン派のプロテスタントが、政府の弾圧にもかかわらず勢力を増していた。プロテスタント・カトリック両教派の対立は、1562年から約30年にわたる内戦（ユグノー戦争、1562〜98年）をひきおこし、スペインをはじめ諸外国の干渉を招いて国家統一をおびやかした。しかし結局、ユグノーの指導者であったブルボン家のアンリ4世（位1589〜1610年）が王位をつぎ、国家全体の見地からカトリックに改宗したのち、1598年ナントの王令でプロテスタントにも大幅な信教の自由を認めた。

※参照：『もういちど読む山川世界史』（山川出版社）

3ステップで覚える！

小 ← 中 ← 大

大　16世紀半ば

宗教戦争の時代
スペイン―フランス対立

中

スペイン…「太陽の沈まぬ」大帝国
フランス…カトリック VS プロテスタント

小　スペイン

フェリペ2世
植民地化…ラテンアメリカ、フィリピン
併合…ポルトガル
領有…ネーデルラント、ナポリ

アンリ4世
ユグノー（＝カルヴァン派プロテスタント）の指導者
ユグノー戦争ののち王位をつぎ、カトリックに改宗し、ナントの王令

LESSON

22 思い出すためのヒントをつくる「連想記憶法」

思い出す手がかりさえあれば記憶はよみがえる

ある音楽を聴いたら、その頃よく行っていた場所や当時の恋人の顔がふと頭に浮かんだ。または、会議中に思い出せなかったアイデアをある書類に目を通した瞬間に思い出した、といった経験はありませんか?

人間の脳は不思議な構造になっており、知らず知らずに接した言葉や場所、においなどをきっかけに、思い出せなかった物事をふっと思い出すことがあります。

これは、たとえ何年も前に仕入れた情報だとしても、実は忘れたのではなく、脳の中に残っている、ということを意味しています。

なんらかのストレスで昔の記憶の一部をなくしてしまった人が、記憶の断片をたどって通っていた学校やレストランなどを回っているうちに、記憶を取り戻したという話があります。これはその場所を巡っているうちに、記憶の順序や関係が整理されていくからです。

つまり、**思い出すきっかけさえあれば、それを頼りに記憶をよみがえらせることができる**ということ。このように何かの手がかりとあわせて物事を覚えていく方法を**「連想記憶法」**といいます。

ヒントになるものを
イメージと一緒に覚える

連想記憶法は、思い出すヒントになるようなものをたくさん用意しておくことがポイントです。脳と神経回路はひとつの情報に対してひとつの神経回路しか持っていないわけではありません。それでは、脳に送られるたくさんの情報はさばききれません。ですから、神経回路を使いまわして情報を処理しています。

これを利用して**連想できるいくつかのヒントを一緒に覚えればよい**のです。できるだけ連想するイメージに広がりがあるほうがよいでしょう。

たとえば、英単語と日本語の意味を語呂合わせにして覚えるときに、その場面のイメージも一緒に覚えてみる。または、リンク法（64ページ）のようにストーリーをつくってその場面のイメージを思い浮かべながら覚えてもよいでしょう。

いずれも、ただ英単語を覚えるよりも、鮮やかなビジュアルが思い浮かぶ分、脳に強く刻まれます。そして、同時にそれが思い出すときのヒントにもなるのです。

Point

記憶するときに、思い出すヒントとなるものを一緒に覚える

イメージを広げてビジュアル化してヒントをつくる

① 英単語を語呂合わせで覚える場合

clot＝血などのかたまり

「クラッ！　血などのかたまりに卒倒する」

② 英単語をリンク法で覚える場合

「大西洋の浜辺でつまずいた人がいた」
（＝Atlantic）　（＝stumble）

LESSON

23 ビジュアル化した数字と合わせて覚える「ナンバーシェイプシステム」

数字をビジュアル化し
ストーリーを創作する

「ナンバーシェイプシステム」は、ある物事の順番や物事の数字をナンバリングして覚えたいときに利用できます。前に紹介したナンバーライムシステム(76ページ)という記憶法と似た発想です。

ナンバーシェイプシステムの方法は、まず1～10までの数字自体の形を思い浮かべ、それに似たビジュアルのものを当てはめます。1は、細長いまっすぐな形をしているため、鉛筆に似ていますね。ですから、「1は鉛筆」というような感じで覚えるわけです。

よく絵本などで、子どもが数字を覚えやすいように数字を何かに当てはめているのを見たことがあるのではないでしょうか。発想はあれと同じです。柔軟に楽しく考えてみましょう。

たとえば、「2はスワン」「3はくちびる」「4はヨット」といった具合で形と関連づけます。

次にナンバリングしたい物事を確認します。ここでは、1がバレーボール大会、2が社長室、3が請求書、4がコピー機と仮定します。

これを先ほどの**数字のビジュアルイメージと組み合わせて、自由にストーリーをつくります。**

1の場合ですと、鉛筆とバレーボール大会なので、「鉛筆たちが体育館でバレーボール大会をやっている姿」を想像しましょう。「背が高いのはバレーボール向きですが、とがった鉛筆の先がネットにからまりそうで、なんともひやひやしてしまいそう…」などと、物語と感想を一緒にしておくとより覚えやすくなります。

ストーリーはユニークなもので
インパクトを重視

　ナンバーシェイプシステムのコツは、数字とそのイメージを頭の中にたたきこむことです。自分で思い浮かべたものですので、そこまで覚えにくくはないと思いますが、ランダムに数字を挙げて、そのイメージを瞬時に思い出せるまでしっかり覚えきりましょう。

　そして、**ストーリーをつくるときは、脳がびっくりするくらいインパクトのあるものを創作**してください。また鮮やかにイメージが浮かぶように、色とりどりのもの、五感が刺激されるように味や香りなどを表現してみてもよいでしょう。それくらいのほうが、記憶にとどまりやすく、想起しやすいものになります。

Point
数字をビジュアル化して、覚えたい事柄とユニークなイメージに仕立ててみる

数字の形とキーワードをストーリーにしてみよう

STEP 1 数字の形をイメージに置き換える

1.鉛筆　2.スワン　3.くちびる　4.ヨット　5.へび

STEP 2 ナンバリングしたいキーワードをビジュアル化

1.バレーボール大会　2.社長室　3.請求書　4.コピー機　5.ガソリンスタンド

STEP 3 STEP1とSTEP2を組み合わせてストーリーにする

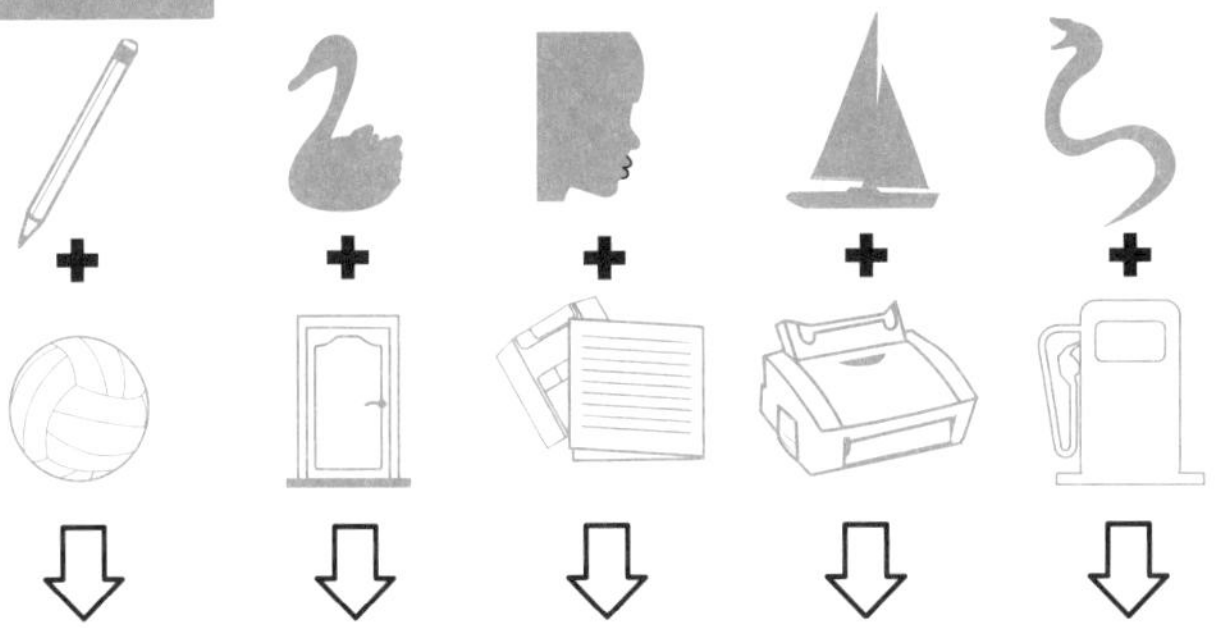

鉛筆たちが体育館でバレーボール大会をしている

社長室でスワンが水遊びして大騒ぎ

請求書でくちびるが切れて痛かった

ヨットをコピー機で量産してみる

ガソリンスタンドのホースにヘビがからまり、気持ち悪かった

LESSON

24

思いどおりの部屋をイメージする「メモリールーム記憶法」

自分なりのスペースをデザインする

メモリールーム記憶法は、インテリアや絵画、旅行が好きな人におすすめの方法です。さまざまな発見をして文化をつくりあげてきた古代ローマ人がお気に入りだったともいわれていることからも、いかに創造的な記憶法かがわかります。遊び心も重要なポイントです。

まず、空間を想像してみてください。

家でも空地でもお城のような建物でも構いません。家だとすると玄関や廊下の配置、次に部屋の雰囲気、窓の位置などを自分の理想のインテリアをつくるイメージで想像してみてください。

そのとき、なるべく具体的に、どんな配置でベッドやダイニングテーブルが置かれ、さらにその上に何か乗っているか、といった細かいことも決めてください。ルールは無用です。むしろ**あなたの趣向が反映されたオリジナルなものであることが重要**です。

たとえば、こんな具合です。

「ドアを開けると、すぐに大きな空間の部屋が現れる。手前の右側に大きな花瓶があり、色とりどりのバラの花がたくさん入っている。縦長の空間の中心に細長いガラスのダイニングテーブルがあり、その脇に果物とワイングラスが2脚置かれている。テーブルには黒いスマートな形の椅子が3脚並んでいて、その真ん中に赤いドレスを着たマダムが座っている。テーブルの端にお手伝いさんもいる」

ユニークな発想で部屋に記憶したいことを残す

自分の思い描く空間ができあがったら、メモリールーム記憶法の準備完了です。あとは、その空間に記憶したいものを入れ込んでいけばいいのです。たとえば、A社にお祝いの花を発注する用事を忘れないようにするには、それをメモリールームの中のものと絡めてイメージするのです。「ワイングラスの脚にお祝い用の胡蝶蘭がいつの間にか絡み付いていた」というような感じです。

これでおわかりのとおり、メモリールームにはたくさんの品数があったほうが、その分、記憶がおさめられます。または、たくさんの部屋をイメージしてそのひとつひとつに記憶したいことを入れていっても構いません。とにかく、ユニークで豊かな発想で行うことが大切。想像力を無限に広げてみてください。

Point
イメージするスペースの中に印象的な記憶を埋め込んでいく

メモリールーム記憶法を使いこなそう

【メモリールーム記憶法の効果アップのコツ】

1 イメージするスペースを絵に描いてみる

2 その部屋の間取図を描く

3 部屋に奥行きをつけて、その中を歩いてみる

4 部屋の色や手ざわり、においまでイメージする

【メモリールーム記憶法の利点】

1 自分の記憶の原則ができる

2 思いどおりにデザインできる

3 心の奥の理想が具現化される

4 右脳と左脳の両方が刺激される

LESSON

25

一点に集中して覚える「漢字記憶法」

忘れないために
覚えすぎない

小学生の頃、漢字をマス目の中に繰り返し書いた経験をお持ちの方はたくさんいらっしゃると思います。しかし、大人になった今、同じことをする時間はそうありません。

ここでは、ある程度、漢字の知識がある大人が新たに漢字を覚えたいというときにもっと効率的な方法をご紹介しましょう。

「漢字記憶法」のキモは、むやみやたらと覚える量を増やそうとしないことです。盲点ですが、実は私たちの脳は覚えれば覚えるほど忘れやすくなるのです。

また、私たちの脳は見た瞬間に目に映るものを記憶しているものです。問題はそれを思い出せないこと。しかし記憶を引き出す糸口さえ思い出せれば、記憶は呼び起こすことができます。

漢字記憶法はこれを利用して、思い出しにくいもののみを正しく覚え、それを糸口にして残りを思い出すという方法です。

たとえば、「喜」という漢字は、十、豆、口で成り立っています。この中で自分が一番思い出しにくい部分はどこでしょうか。それを○で囲んでみて、**一番間違えそうなところを探してみてください。そしてそこだけを集中的に覚えていくのです。**

最低限の復習だけで正確に覚えられる

では、実際に「慶」という漢字でやってみましょう。この漢字はいくつかの部分によって成り立っていますが、たぶん一番間違えやすいのは、「心」の上にある部分だと思います。これをウかんむりと間違えたり、とばして書いてしまったり。

そうならないために、一度「慶」を書いたあと、この部分を実際にペンで丸囲みしてみてください。さらにその部分を集中して眺めたあと、「心の上はカタカナのフ」などと、口に出してみます。そして、そのあとに「慶」の字を書きます。

さらについでに、ほかに覚えたい漢字を5～10個同じ要領でやってみます。それが終わったら復習としてもう一度書き出してください。

たいていはこれだけでもずいぶんと覚えられますが、より正確な長期記憶を形成するために、翌日、1週間後などにも一度だけ書いてみてください。漢字を10個書くだけならそんなに時間もかかりません。

Point

漢字の中の忘れやすい部分だけを集中的に覚えて、そこを糸口として思い出す

漢字記憶法を実践してみよう

「慶」という字を覚える

1 「慶」を手で正確に書く

2 部分的に見て、一番忘れやすい部分をさがしてみる
＊心の上の ──▶ の部分だと仮定

3 ──▶ に○をつける

4 「心の上にカタカナのフ」と口に出す

5 もう一度正確に書いてみる

6 ほかに覚えたい漢字を5〜10個覚える

7 またもう一度復習として書く

8 翌日、1週間後にも一度だけでよいので書いてみる

LESSON

26

地図を簡略化して覚える「地図記憶法」

地図を覚えると
世界への関心が広がる

これだけ国際化が進んだ世の中であっても、海外の主要都市がどの位置にあるか正確に把握できているビジネスマンはさほど多くはないでしょう。

実際に海外との取引の必要がないと、そこまで必要性を感じないかもしれませんが、場所を覚えておくと、ニュースでその地名を聞いたとき思わず関心が向くもの。そこからどんどん知識が広がり、いつか役に立つ日が訪れるかもしれません。

とはいえ、地図を記憶するとなると、ビジュアル要素がほとんどなだけに、なかなか暗記は困難です。そこで、**地図を簡略化し、その中に思い出すためのきっかけをつくって記憶しやすくしたのが「地図記憶法」**です。

円十字を使えば どんな地図も覚えられる

地図記憶法で主に使うのは、**円とその中心を通る十字**です。特にコンパスや円定規を使わなくても手書きでOK。書けたら、記憶したい地域の地図を持ってきます。

今回は、試しに四国地方を覚えるとしましょう。今、円は十字によって4つのブロックに分かれています。四国は、右上が香川、左上が愛媛、右下が徳島、左下が高知なので、その位置に地名を書き入れます。さらに、そのあと、書き入れた答えを見ないで十字円に4つの県の位置が書き入れられるかを試してみます。

もし思い出せない県があったら、「右下が○○県」と口に出し、正確に覚えるようにしましょう。

四国はとてもわかりやすい例でしたが、**どんな地図でも十字円は利用できます。**

たとえば近畿地方を覚えるとします。まず、十字円を描き、中心となる府県を決めます。だいたい地域の真ん中にあり、中心に置いて自分がわかりやすい府県にします。

これを大阪にした場合、十字の中心を大阪とし、○で囲みます。地図を見て、ほかの府県の位置にも○を書き入れます。それらが十字に対してどこに何個あるかを確認して覚えていきます。

そして、また新たに十字円と中心の大阪に○を書き、答えを見ないでそれぞれどこにどの府県があったかを○で書いていって、覚えられているかを確認します。そして、出てこなければまた覚える、といった具合です。

いろんな地域でやってみて、最終的には世界地図の制覇を目指してみましょう。

Point

十字円を基準にし、位置関係を簡略化して理解する

地図記憶法を実践してみよう

四国地方の場合

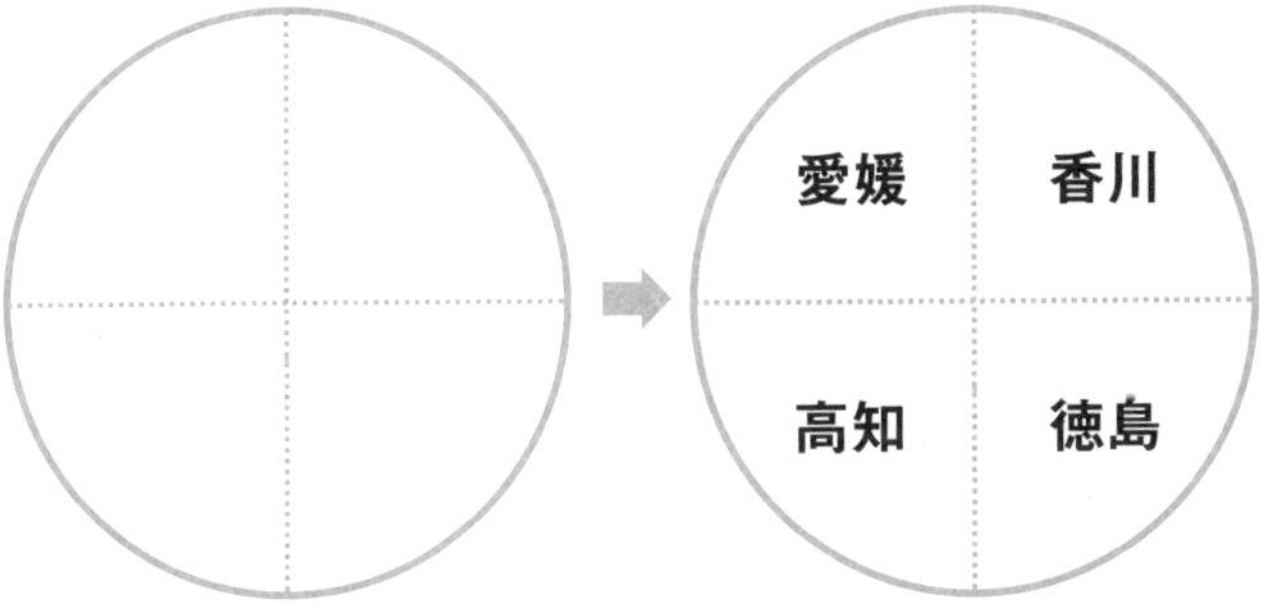

1. 十字円を描く
2. 地図を見て県名を書き入れ、位置関係を中心に覚える
3. 新たに十字円を書き、答えを見ずに県名を書き入れる
4. 間違えた県があれば、再度確認して覚える

近畿地方の場合

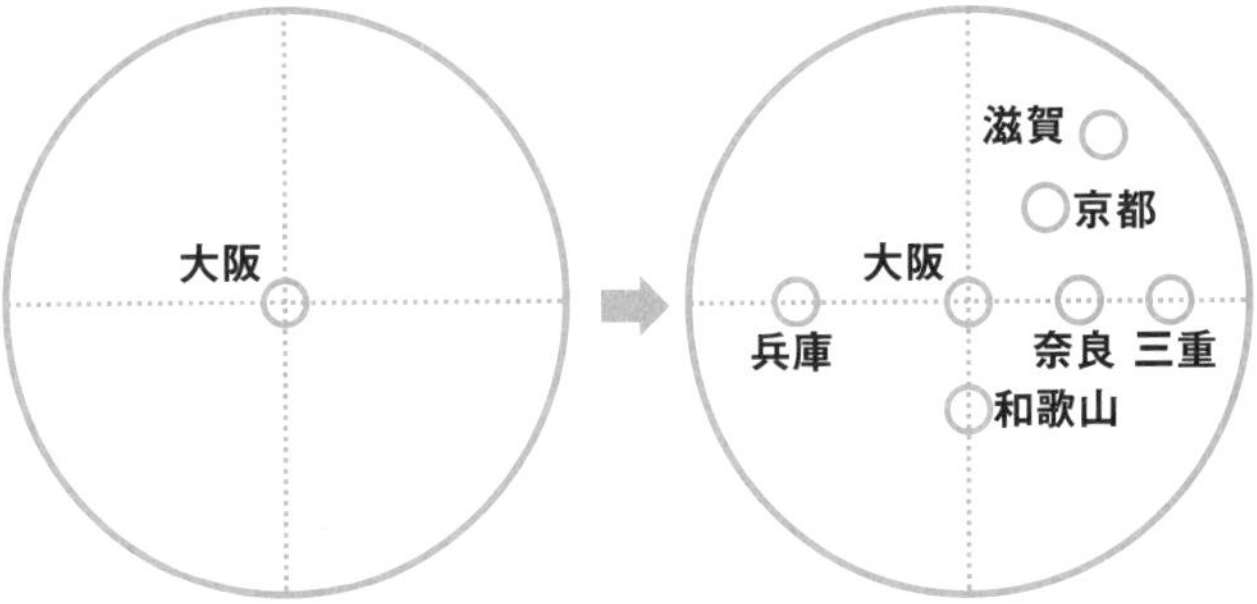

1. 十字円を描く
2. 地図を見て、中心となる府県を決めて、その他の府県名も書き入れて覚える
3. 新たに十字円を書き、答えを見ずに府県名を書き入れる
4. 間違えた府県があれば、再度確認して覚える

LESSON

27

発音と読み方を対応させて覚える「英単語スペル記憶法」

スペルのミスを防げる効率的な記憶法

英単語といえば、暗記で苦労するものの代表選手です。覚えるにも、その多さに途中で嫌になってしまうことも多いもの。

英単語の覚え方といえば、繰り返し書いて覚えるか単語帳をつくって覚える、語呂合わせなどが一般的です。いずれも有効なのですが、効率的に集中力を使って覚えるやり方もあります。それが「英単語スペル記憶法」です。

時間も短縮できますので、忙しい方、短期間にたくさん覚えたい方にもおすすめです。

「英単語スペル記憶法」は、スペルとその発音に○をつけ、あわせて覚える方法です。どれとどれが対応しているかに集中することで、グッと理解が進みます。単語帳や語呂合わせでは、スペル間違いをして覚えてしまうこともあるので、そうした意味でも間違いを少なくできます。

読みと発音で分けて○をつける

実際に、単語を例に手順を踏んでいきましょう。

「picture」の読み方はピクチャー、意味は絵画ですので、**「picture ピクチャー絵画」**と書きます。このスペルと読み方の発音ひとつひとつを分けて、それぞれに○をつけていきます。

つまり、スペルをpi・c・tu・reと分け、読み方もピ・ク・チャ・ーと分けて、piがピに、cがク、tuがチャ、reがーに対応していることを確認して、それぞれ

を○で囲みます。どのスペルにどの読み方が対応しているかを整理して覚えるわけです。すると、○で分けた瞬間に理解度が促され、記憶へとつながります。

このとき、読み方の４つ、スペルの４つに先に○をつけてしまわないようにしてください。必ずスペル↓読み方のひとつひとつに対応させることが大切です。

ときに実際の読みに関係ないアルファベットが入っている単語があります。light は中に入っている gh を発音しません。こうした場合は gh の部分を一番間違えやすいもの。ですから、スペルは l・i・gh・t に分け、発音はラ・イ・トと分けて、gh は別に○をつけます。注意したい部分は別に分けるのです。こうすると、分けたときに注意が払われて忘れにくくなります。

○をつけ終えたら、覚えているかもう一度書いてみて、間違っていたら間違っていた部分だけを見直してもう一度書いてみます。これで英単語は覚えられます。ぜひ、やってみてください。

Point 発音と読み方を対応させて○をつけていけば、集中と理解が促される

英単語スペル記憶法を実践してみよう

picture の場合

pi c tu re　　ピ クチャー　　絵 画

↓

pi c tu re　　ピ クチャー　　絵 画

↓

pi c tu re　　ピ ク チャ ー　　絵 画

light の場合

l igh t　　ラ イ ト　　光

↓

l igh t　　ラ イ ト　　光

↓

l i gh t　　ラ イ ト　　光

Column

電話番号は語呂合わせを基本にして覚える

何桁もある文字の羅列で覚えにくいものといえば、電話番号があります。通常の電話番号で10桁、携帯電話番号で11桁です。

覚え方としては、まずチャンキング法（80ページ）で行ったとおり、市外局番の区切りの3桁または4桁で分けて覚えるのがよいでしょう。しかし、いくら桁数が少なくなったからといってもそのままでは覚えにくいので、それを語呂合わせにするのがよいでしょう。

実際に企業や商店のホームページの問い合わせ電話番号には、うまい語呂が使われています。4618＝「白い歯」で歯科クリニック、1045＝「投資ゴー」で証券会社、6944＝「ロックしよう」でカギ屋さんなど業種と合わせて語呂を利用しています。こうしたものはユニークさが感じられるので自然と覚えてしまいます。

これと同じように、実際に自分の電話番号やオフィスの番号を語呂合わせしてみましょう。

東京03の後にくる3や5は必ずくるものなので、3はサー、5はゴーのように、単独で掛け声にしてもよいでしょう。3154なら、「さー、行こうよ」という具合です。

それでも時々どうしても組み合わせられないものがあります。そのときは、ナンバーライムシステム（76ページ）やナンバーシェイプシステム（104ページ）を使ってみましょう。電話番号以外にも応用できるのでぜひトライしてみてください。

PART3

想起力を高める記憶法

LESSON

28 社会人には「記銘力」より「想起力」こそ必要

頭がいい人とは想起力が高い人である

記憶とは、「記銘」「保持」「想起」の三段階に分けて考えることができる、とここまで説明してきました。年を重ねた人にとって最も重要となってくるのが、最終段階のアウトプット、つまり「想起力」です。

たとえ繰り返しインプットして知識を頭に詰め込んだとしても、いつでも必要なときにその情報を引っ張り出せなければ覚える意味がありません。

よく、それほど知識量があるわけでもないのに、プレゼンや講演などで巧みに情報を繰り出して、物知りで知的であると評価される人がいます。

こういった人物こそ、自分の持っている知識を最大限、効果的に引き出して話をすることができる「想起力」が高い人といえます。

インプットされた「知識の量」より「想起できる量」が大切

思い出したいときに出てこなくても、後から答えを聞いて「ああ、そうだった」と思い出すことができるならば、記銘、保持には成功していることになります。単に最終段階の想起がうまくいかなかっただけです。衰えているのは、記銘力でなく、むしろ想起力であるのかもしれません。

大人になったいま、**「アウトプットを目的としたインプット」をする**ということが、想起力を高めるポイントになります。これは「想起を中心とした記憶」をするということ。「この知識は、いつ、どこでどのように使うのか？」「何と関連づけて覚えておけばよいのか？」ということを念頭に置いて、記憶していくのです。

また、学生時代の試験対策でも、細かく大量の知識が求められるテストと、意味づけした知識をもとに書くことが求められる論述問題で対策が異なるように、なんの目的のために想起力を必要とするかで勉強法や身につけるスキルは変わってきます。

社会に出て年をとるほど、この「想起力」が非常に重要となります。それは知識の量ではなく、それをもとにした価値創造が求められるから。そのためにも、「想起できる量を増やすための記憶」をすることこそが、優秀な人になる近道といえるでしょう。

Point
「想起量を増やすための記憶」をすることが優秀な人になる近道

「記銘」を目的とする学生と「想起」を目的とする社会人

LESSON

29 「名前」よりも「具体的な情報」をまず覚える

その人物の付帯情報を覚えておくことが重要

職業にもよりますが、社会人になると日々多くの人と知り合い、言葉を交わします。一度に複数の人と会えば、名前と顔、役職、話した内容など、短い時間に覚えることが山のようにあるのですから、これをすべて一度にインプットしようとしても難しいでしょう。

では、何から優先して覚えるべきなのでしょうか。

「名前」ではありません。その相手がどんな人物であるかという情報の「中身」、つまり付帯情報です。

たとえば一度会ったことのある人に仕事の依頼をしたいという場合、名前が思い出せなくても、会社名や役職、そのときの用件などを覚えていればメールの検索機能を使って調べることができるでしょう。

逆にその人がどんな人かを覚えていなければ、名前だけを覚えていても何かを依頼しようとすら思わないわけです。

また相手に会ったとき、数回目なのに名前が出てこないという場合も、その人の好みの話題がインプットされていれば「最近はゴルフのコースをまわられているんですか?」と話すことで、名前を覚えているだけよりもはるかに、相手との距離は縮まります。

人は、自分に関する具体的な情報を覚えてもらっていることがわかると、関心を持たれていると感じて、その相手に好意を抱くものです。

社会における人間関係において、とくにこの**「人物に関する付帯情報」を記憶しておくこと**は、非常に価値があるといえるでしょう。

言葉そのものに情報の中身はない

人名に限らず、地名や用語などすべての言葉に同様のことがいえます。名称が想起できなくてもイメージや周辺情報があればＧｏｏｇｌｅなどのキーワード検索を使って調べてみれば、たいてい求めていた名称がわかるはずです。

そこで、「そうだ、これだった！」とわかれば、記憶ではなく想起に問題があったことがわかります。

アウトプットを目的とした記憶において重要なことは、「何を想起しなければならないのかという中身であって、言葉そのものではない」のです。

Point
想起を目的とした記憶では、
言葉ではなく情報の中身が重要

「名前」と「情報の中身」との関係図

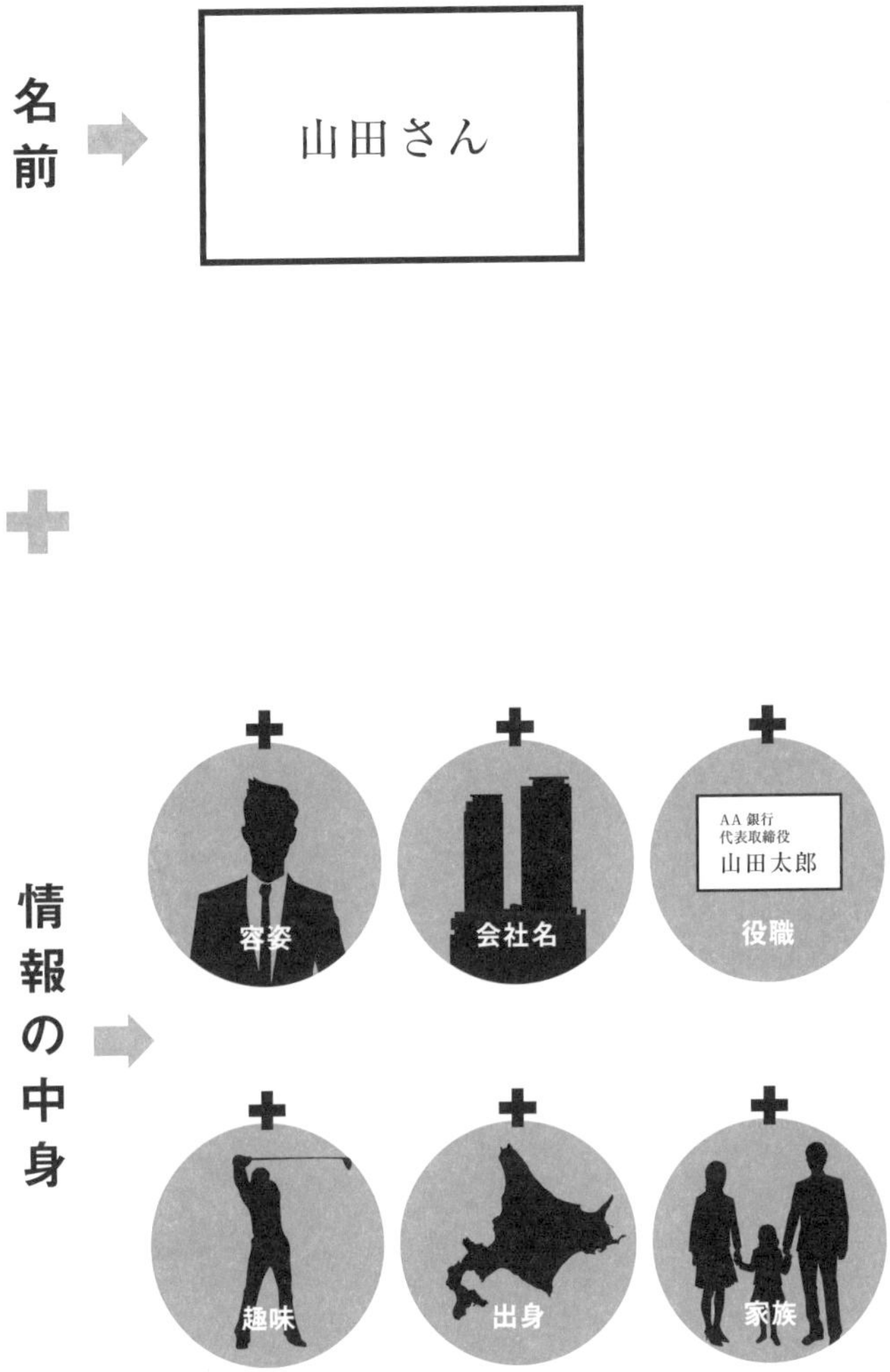

LESSON 30

優先順位を意識しながら覚える

名称と付帯情報が一緒に想起できない理由

言葉（名称）とその付帯情報というのは、基本的にセットでインプットされるものです。たとえば、「りんご」という名前は、「赤くて丸い食べ物」という情報と一緒に記憶します。

とくに子どもの頃は、名称と一緒に覚える付帯情報が簡単で量も少ないため、シンプルなセットとして機械的にどんどんインプットされていきます（これを「単純記憶」といいます）。

しかし、**大人になると「りんご」という言葉に対しての付帯情報が格段に増加し**ます。たとえば、産地や品種、味の良し悪しなど、覚えることが非常に多く、結果的にその名称と付帯情報のセットが緩んでしまうのです。

人名に対しても同様で、相手の「名前」に付帯する「役職、趣味、仕事内容」など記憶すべき項目がとても多いゆえに、一番重要な名前と顔が一致しないという現象が起きてくるのです。

また、次々と情報が入ってくることで「逆向抑制」も働きます。そして名称と付帯情報の一方はわかるのに一方が思い出せないというように、セットで覚えることの優先順位が子どもの頃より下がってしまうわけです。

こういったことが、一緒に想起できない理由だといえます。

何が必要な情報かを自覚して優先順位を高めよう

これは逆にいえば、**自分にとって優先順位が高いことであれば、いくら年を重ね**

てもしっかりと記憶できるということでもあります。親しい友人であれば、名前はもちろんのこと、その人にまつわるとても多くの情報をたいていは覚えているものです。

また、政治家や高級店で接客の仕事をしているような人は、一度会っただけでも有権者や顧客など自分にとって利害関係のある相手であれば、すぐにセットで記憶してしまいます。

こういった職業の人たちにとっては、人名と付帯情報をセットで強固にインプットし、いつでも想起できる状態にあることが、よりよい仕事をしていくために必要不可欠だからです。

以上のように、何を優先して覚えるかということは、環境や年齢で変化していきます。ですから、子どもの頃の記憶力を今と比較して嘆くのではなく、自分にとって何が必要な情報であるかを自覚し、優先順位を意識しながら記憶することが有効な手段になるでしょう。

Point

何が必要な情報であるかを自覚し、
優先順位を意識する

「りんご」の付帯情報における優先順位と関係

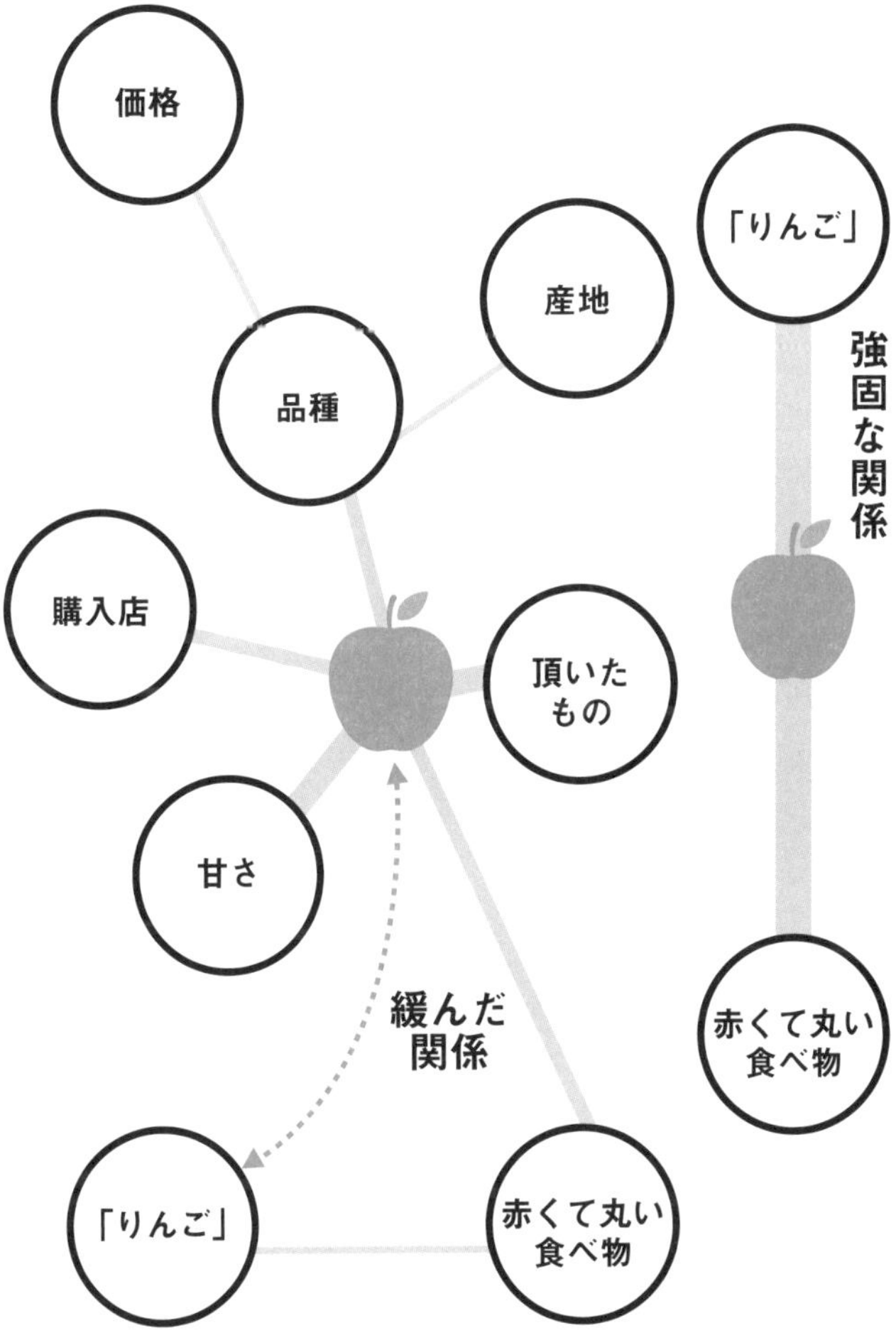

※線が太いほど優先順位が高いことを表している

LESSON

31 重要度の低い付帯情報は削ぎ落とす

名称よりも付帯情報が重要になってくる

前項で、大人になると名前とセットで覚える付帯情報が格段に多くなることを説明しました。

つまりその物や名前、視覚情報だけでなく、そのときの状況や聞こえていた音、におい、一緒にいた人などが一斉にインプットされてしまっているわけです。

そしてこれは、固有名詞だけでなく、普通名詞にもあてはまります。

たとえば、子どもの頃であれば「これはセーターです」といって単純記憶として言葉自体を意識するわけですが、大人になると「これはセーターという名前だ」ということをいちいち意識している人はいません。

それよりも、「これはラルフローレンのだよ」と言ったりして、どこのブランドで値段はいくらかということや、素材にはどんなものが使われているのか、どのお店で買ったものかなどに意識が向くようになり、**「セーター」という名称よりも付帯情報のほうがはるかに重要**なことになってきます。そして付帯情報に比べ、セーターという言葉の優先順位はどんどん低くなっていきます。

極論をいえば、セーターという名詞をふと思い出せなくなることすらあるかもしれません。

人は非常に大きな単位で物事を記憶している

このように、大人になってさまざまな経験を重ねてくると、名称よりも付帯情報やそれにまつわる思い出、人との交流などが印象に残りやすく、優先順位も高くなってきます。

これはつまり、ひとつの事柄を記憶する際にそれにまつわるたくさんの情報をセットで覚えることでもありますから、**「記憶する単位」というものも想像以上に大きい**と考えることができるわけです。

このように、付帯情報をたくさん抱えた項目が多すぎると想起しづらくなりますから、何が重要な情報かを判断し、選択してインプットしていかなくてはなりません。

余計な情報をなるべく削ぎ落として、重要な情報を想起しやすくすることも、記憶保持においては重要なことなのです。

Point
大人になると記憶の単位が大きくなるので、必要のない情報は削ぎ落とすことが大切

子どもと大人による付帯情報量の差異

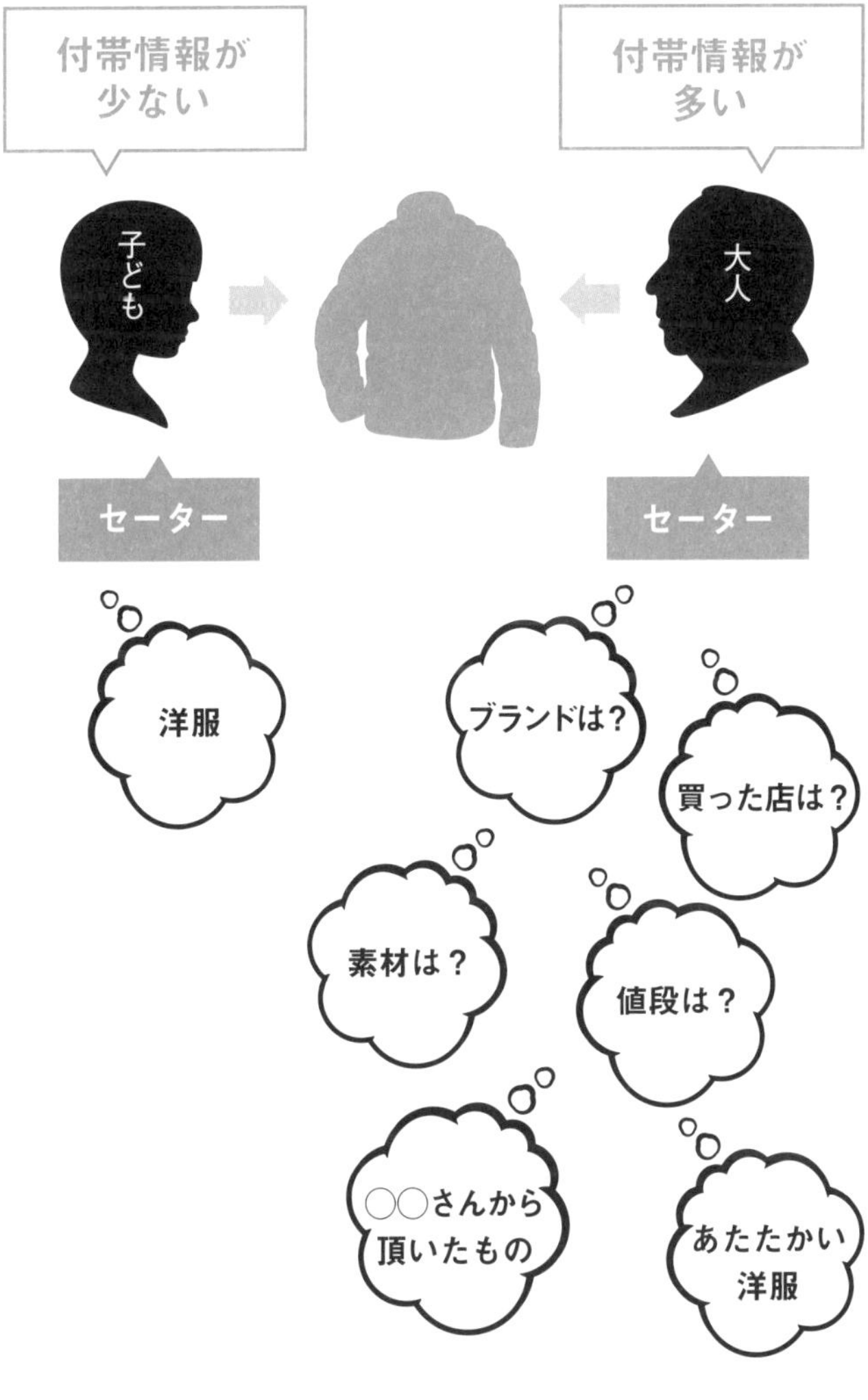

LESSON

32 絶対に忘れないための人の名前の覚え方

名前を一度覚えても忘れやすい時期がある

何回か会っているのに、なぜか相手の名前が思い出せないということがあります。しかし思い返してみると、初対面の頃はきちんと名前を覚えていたりするわけです。これはつまり、初対面は「名前を覚えなくては」という意識が先行しているゆえに名前が優先的にインプットされるわけですが、何回も会ううち、相手にまつわる付帯情報がどんどん足されていき、**名前自体のプライオリティが低下してしまう**

ことで起こる現象なのです。

ここからさらに親しくなっていくと、今度はまた名前を頻繁に呼ぶことになりますから、ふたたび想起は簡単になっていきます。

何度も声に出して相手に名前で呼びかける

すでに述べてきたことですが、人は優先順位の高いことを真っ先に記憶していくものです。なかなか覚えられないことというのは、自分の中で優先順位が低いからにほかなりません。

必要な情報だけど、自分の中で今ひとつ優先順位が上がらないものについては、**何度も名前を呼ぶなど、意識的に復習を繰り返す**ことでインプットすることができます。

よく、カードで支払いをすると店員がサインを見て「○○さま、ありがとうございます」「○○さま、またのご来店をお待ちしております」と、何度も名前を繰り返して呼ぶことがあります。

これは客の名前を覚えるために、わざと声に出して呼びかけているのです。

相手の名前を覚えたいときには、まずコミュニケーションをとり意識的に名前を呼ぶことをおすすめします。また、そのときの視覚情報（天気や話した場所、相手の体型など）を一緒に覚えておくことも効果的です。

仕事では、メールの宛名や書類などに相手のフルネームと一緒に社名や長い役職名も毎回繰り返し書くようにすると、名前と付帯情報のセットが強固にインプットされ、想起もスムーズになっていきます。

記憶というのは、断片的な情報よりも、ある程度の付帯情報をセットにして覚えておくほうが、想起するためのきっかけが増え思い出しやすくなるということを覚えておきましょう。

Point

名前だけの断片的な情報よりも、付帯情報をセットにして覚えるほうが想起しやすくなる

名前を覚えるための４つの方法

相手の名前を
口に出して呼ぶ

視覚情報を
一緒に記憶する

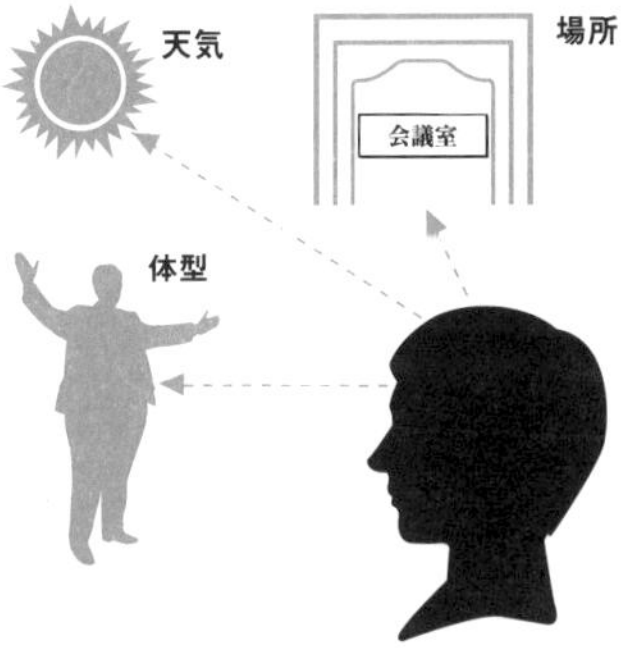

メールに毎回
フルネームと
会社名、役職名を書く

何度も繰り返して
復習する

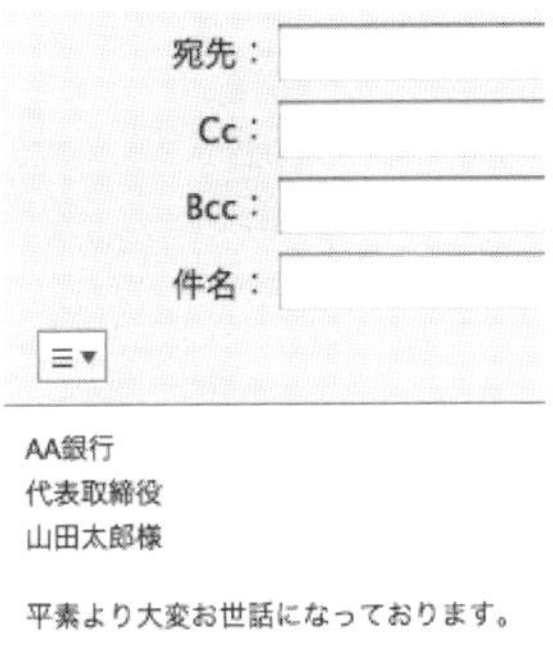

LESSON

33

子どもは「意味記憶」大人は「エピソード記憶」で覚える

9歳を境に記憶のあり方が変わる

名称と簡単な情報をセットにして覚えることを、「意味記憶」といいます。子ども時代はこの「意味記憶」が中心ですが、9歳をすぎると、「エピソード記憶」と呼ばれる、自分の体験にまつわる記憶が中心になっていきます。

発達心理学の世界では、9～10歳までの子どもには抽象的な思考ができないといわれています。これを「9歳（10歳）の壁」といいます。

抽象的な思考というのは、具体的にいえば、中学受験に出てくるような算数の文章問題などで必要とされる論理的思考のこと。知識を丸暗記しただけでは解くことができない問題です。それが10歳を超えると、理論的に物事を考えられるようになってくるのです。

理解して納得することが何より効果的な記憶法

たとえば9歳以下の子どもと大人に、ある物語を聞かせ、終わったあとに何が印象に残っているかを確認してみるとします。すると子どもは、主人公や登場人物の名前をはっきりと覚えているけれど、内容的なことについては曖昧だったりします。

これに対して大人は、ストーリーや主人公の感情、物語の教訓など、納得したり感じとったことは覚えているけれど、登場人物の名前はあまり記憶に残っていなかったりします。このように子どもと大人では、記憶のあり方が大きく違っています。

大人になってから、**とくに仕事などで重要となるのが後者の「エピソード記憶」**

です。

よく日本では、「誰それの○○という説」をすらすらいえるとインテリだと評価され、「ジョセフ・スティグリッツという、情報の非対称性の理論を唱えた経済学者がね」なんて言えば物知りに聞こえます。しかし、もしこれがただの丸暗記で「非対称情報の経済学」がどういうものなのかを知らなかったらなんの意味もありません。

よく理解して納得することは社会人として必須であるだけでなく、何より効果的に記憶できる方法でもありますから、意識して理解に努め、「エピソード記憶」にしていくことをおすすめします。

Point
仕事で必要な理解力と想起力アップのために、エピソード記憶にすることが重要

「意味記憶」と「エピソード記憶」の特徴

【意味記憶】

9歳までの子どもが得意とする、
丸暗記型の記憶。
「これがセーターだ」というように、
名称と簡単な情報をセットで覚える。
最も記銘しにくく想起しにくい。

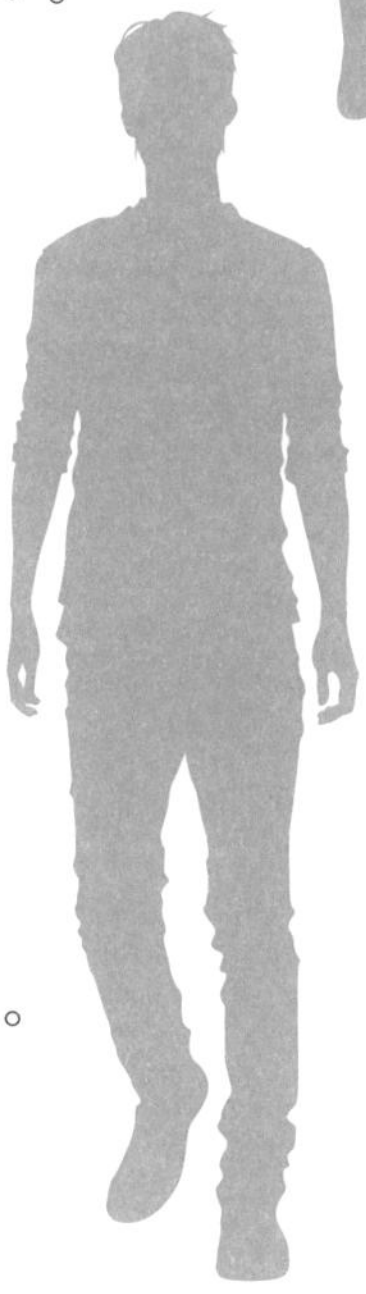

【エピソード記憶】

10歳から大人までが
得意とする、
物語性を持つ記憶。
理解することで多くの情報を
効果的に覚えることができる。

LESSON

34 記憶定着のポイントは繰り返し「復習する」こと

一度のインプットで記憶は保持できない

これまでも述べてきたように、一度だけのインプットで終わってしまう記憶はすぐに消えてしまう、または想起しにくくなっていきます。

学生の試験勉強では、記憶が定着する前に次々と新しい情報をインプットしようとすることで「逆向抑制」が働き、想起しにくくなってしまうこともあります。

もちろんインプットの時点で、優先順位を高くし、よく理解しながら記憶すれば保持、想起につながる確率は上がるということも、ここまで説明してきました。

しかし、一度だけのインプットで記憶を確実に定着させることは、やはり難しいことには変わりありません。

繰り返し入る情報は重要情報と判断される

そこで**大切なのが、やはり「復習」**です。

脳科学の分野では、海馬仮説というものがあります。

入ってきた情報はまず記憶のメモリーである海馬に書き込まれ、重要な情報だと判断されたものだけが側頭葉に転写され、それ以外の不必要な情報は捨てられてしまうという説です。

ここでいう重要情報と判断するための基準のひとつに、「繰り返し入ってくる情報」であることが挙げられます。関心のある事柄ゆえ頻繁に目にしたり、意識的に復習しているのかもしれませんが、**いずれにしても同じ情報が何度も入ってくると海馬が反応して側頭葉に転写し、貯蔵してくれる**といわれています。

ところが、もし側頭葉に転写されるところまで辿り着いても、そこから久しく想起が行われなければ、必要情報ではなくなったとみなされて捨てられたり、どこかに紛れ込んでしまうということもあります。

これは仮説ですので本当のところはわかりませんが、少なくとも一度だけのインプットだと、脳のどこかには書き込まれているけれど、想起のときに引き出しやすい形で書き込まれるのではなく、いい加減な場所に書き込まれて孤立状態になってしまっているのではないでしょうか。

さまざまな説がありますが、確実にいえることは、とにかく「復習」をすることが記憶を定着させるための確かな方法であるということです。

Point
繰り返し「復習」することで、海馬に重要情報であることを知らせる

記銘・保持・想起それぞれのポイント

1	注目する	記銘
⇩		
2	よく理解する	
⇩		
3	セットで覚える	
⇩		
4	復習する	保持
⇩		
5	練習する	想起

LESSON

35 想起力を上げるためにはリハーサルを繰り返し行う

想起のためのトレーニングをする

必要な情報が思い出せなかった場合、記憶における記銘、保持、想起の3段階のうち、どの段階で失敗したのかを知ることは、たとえ本人でも難しいものです。しかし正解を見たときに、「ああ、そうだった」と思うことができれば、記憶は保持されていたけれど、想起に失敗してしまったということがわかります。

では、最終段階の「想起」を成功させるためにはどうしたらいいのか。想起のための記銘や保持の仕方についてはお話ししてきましたが、**ここでは想起自体のトレーニングの仕方**について説明をしていきます。

スピーチの腕前は
センスではなく練習

想起のためのトレーニングとは、**「リハーサルを行う」**ことです。

これは学生の受験対策の勉強でいえば、**入試問題集をたくさん解く**ことにあたります。記銘・保持のために単語帳を使ったり、教科書を復習することは誰でもよくやりますが、それと同じくらい大切なのが、この**想起のリハーサル**なのです。

「本番の試験ではこんな形で出題されているんだ」というイメージをつかむことが、想起の力を使う練習になります。

また、スピーチや講演会などでうまく話せる人というのは、たいてい、たくさんのリハーサルをしています。

アメリカの大統領などは、準備のために、わざわざ聴衆を雇って完璧なリハーサルを繰り返し行ってから本番に臨むそうです。

日本人は、リハーサルの意義を理解していないことが多く、センスのあるなしに頼りすぎているところがあります。

ですから、自分は「想起力が悪い」「スピーチのセンスがない」と思っている人は、まず練習をする努力が不足していることを自覚するべきなのです。

プレゼンや交渉、議論などもすべて、リハーサルを繰り返すことで必ず上達します。

日本人は、練習していることを公言することを嫌う風潮がありますから気づきにくいのですが、できる人はきちんとリハーサルを重ねている、できるようになるまで練習しているということは知っておきましょう。

Point

できる人は、何事においても リハーサルを繰り返している

想起力を上げるためのトレーニング法

受験生

過去問演習を
繰り返しやる

プレゼン

できれば人前で
自信がつくまで練習する

議論

仕事以外の時間でも
同僚や友人と
意見を述べ合う

交渉

交渉上手な人のやり方を
真似してやってみる

LESSON

36 たくさんの「キュー」を集め「セット」にして覚える

付帯情報が想起のきっかけになる

１４０ページの項で、人は「大きな単位で記憶している」と述べましたが、これは、ひとつの項目に対して記憶する付帯情報がとても多いということです。そしてこの付帯情報が多ければ多いほど、想起をしやすくなります。

そもそも記憶のネットワークというのは、脳の深いところに入り込み、いろいろな情報とセットになって存在しています。付帯情報は、脳の中に枝分かれして伸びる触手のようなものと考えることができるでしょう。

この触手が想起するための**「キュー」**、つまり「きっかけ」になります。もちろん、**きっかけが多いほうが、想起もしやすい**ということになります。

項目を増やすのではなく
付帯情報を増やす

ではなんでもかんでも情報をインプットすれば「キュー」になるのかといえば、そうではありません。

ひとつの項目に対する付帯情報を増やすことと、情報の項目自体を増やすことは違います。

ですから情報が増えれば増えるほど覚えにくくなるということではなく、**アウトプットしやすい形であれば情報をたくさんくっつけたほうが覚えやすい**のです。

たとえば、歌の歌詞などではじめのフレーズを歌うとそのあとの歌詞が自然に出てきたりしますね。これは言葉単体でなく、**歌詞の文章＝歌という「セットの単位」で覚えていること**で、想起がスムーズになっているのです。

この「セットの単位」は、具体的にいえば、言葉や文字だけの情報だけでなく、五感などから得られる感覚器情報や身体活動も含めた付帯情報のことをさします。歌の歌詞についても、リズムやメロディーなどを一緒に記憶していることで、より思い出しやすくなっているのです。

そして最終的に大切なのが、セットで覚えた情報を、アウトプットがスムーズに続くようなつながり（経路）にしていくことです。

前項でも説明した、問題集を解いたり、スピーチのリハーサルをするという想起のトレーニングが、スムーズなアウトプット経路がつくられる近道となります。ここでも想起の練習が必須になってくるのです。

Point

セットで覚えた情報は、アウトプットがスムーズにできるつながり（経路）にしておく

例：「坂本龍馬」にまつわる歴史的出来事をアウトプットする経路

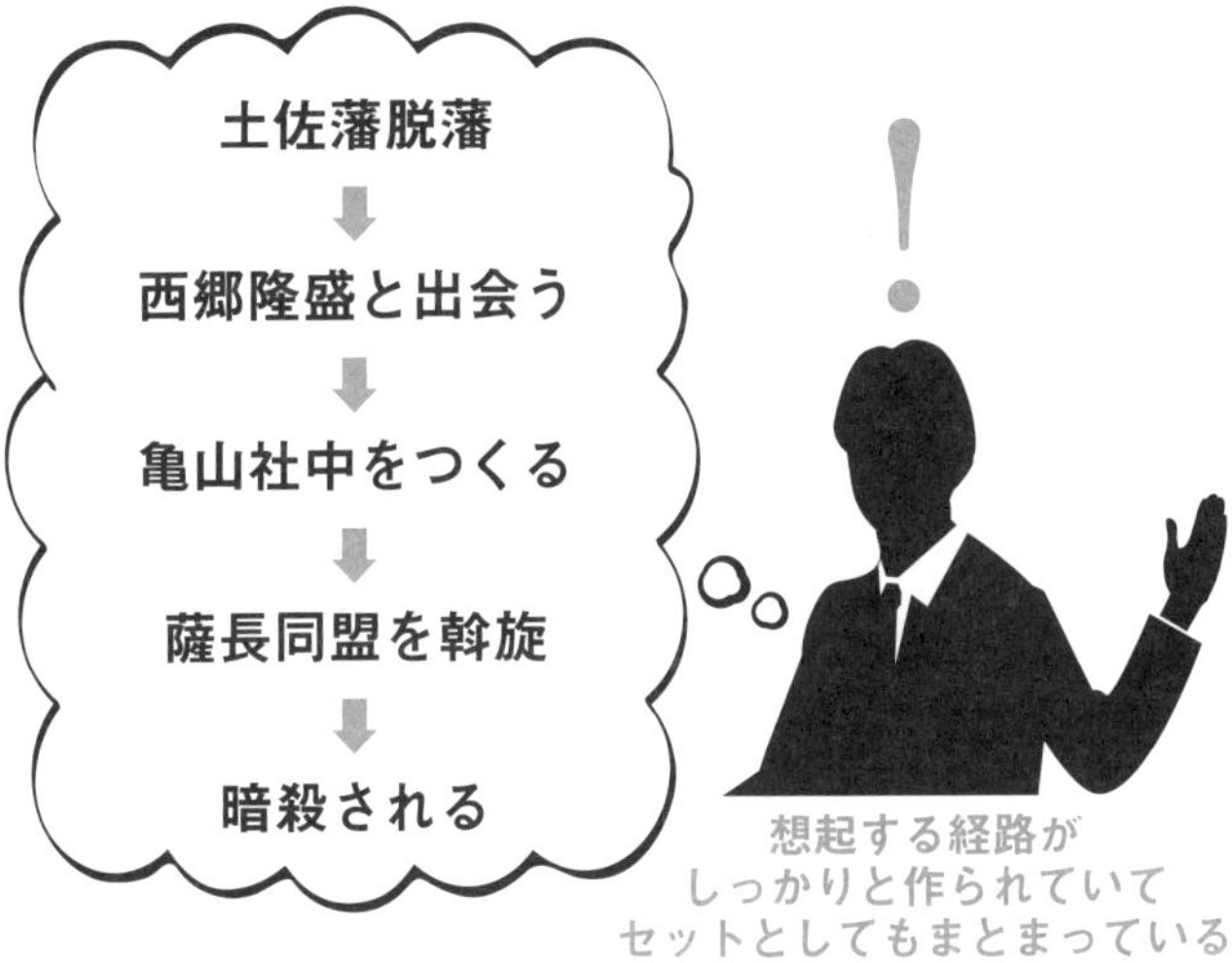

37 大人になったら、インプットよりもアウトプットを増やす

インプットとアウトプットの比率を変えていく

以前、『思考の整理学』などのベストセラーで知られる英文学者の外山滋比古さんと、「大人になってから勉強する意味」というような雑誌の特集で対談をしたときに、「大人になったら勉強してはだめだ」「入れることより出すことのほうが大切だ」というお話がありました。

外山さんは昔よりもずっと読書量を減らして、気の合う仲間と知的な会話を増や

す会を開いているのだそうです。

また、精神分析学者のコフートは、50代後半あたりから、哲学や歴史の本は読むけれど、専門分野である精神分析の本は一切読まなくなったそうです。これ以上たくさんの学説をインプットしたところで、どうしようもないと思ったようです。

これらの話は、**ある年代になったらインプットとアウトプットの比率を変えていく必要がある**ということを物語っています。

いかにアウトプットを増やして インプットの質を上げるか

子ども時代みたいに脳がまっさらの状態なら、パカパカと詰め込み教育でインプットさせていってもいい（むしろそうすべき）ですが、40代、50代になってきたら、入れる知識はかつての2割、3割でよく、むしろ想起する量をいかに増やしていくかということが大切になってきます。つまり、子ども時代にくらべ、これまで学んできたことの中から何が言えるのかが重要になっていくのです。

年をとると記銘力が落ちてしまうことも理由のひとつではありますが、想起力に

優れた人こそが優秀であるとされるようになっていくからです。

何かを記憶する際も、全体の2割、3割の新規のインプットについては、「いままで思ってきたこととは違うこと」を入れるようにしましょう。

自分の考えと同じような本や誰かの考えをいくらインプットしても、「やはりそうだ」と思うくらいで、知識の強化にはなりません。

インプットの量が減る分、どのような中身をインプットするかが大切になってくるというわけです。

年をとると自分と違う意見や若者の意見などを受け入れない人がいますが、これは新しい情報の拒否ということになりますからよくないでしょう。

Point

年を重ねると、これまで学んできたことの中から何が言えるのかが重要になる

子どもから大人までの インプットとアウトプットの割合の変化

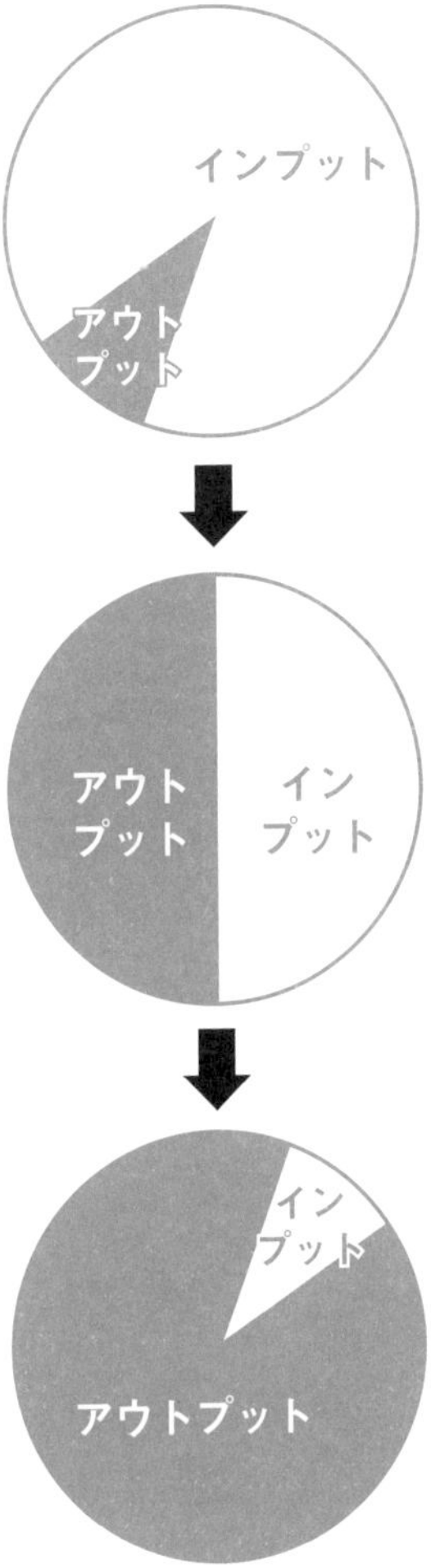

子ども～学生時代

まっさらな脳に新しい知識をどんどんインプットしていく

20代～30代

新しい知識に更新しつつ、価値創造として多くのアウトプットができるようになる

40代～50代以降

これまで学んできたことの中から何が言えるのかが重要

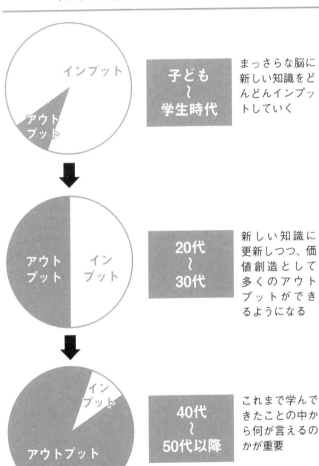

LESSON

38 場数を踏むことで緊張が減り想起力も上がる

想起には心理要因が影響を及ぼしている

ここまで、想起力を高めるための様々な方法を紹介してきましたが、もうひとつ欠かせない条件があります。

それは、緊張しない状況をつくること、つまり「プレッシャーを下げる」ということです。

スピーチや挨拶などで、知っているはずの人の名前や固有名詞が急に出てこなくなったりすることがありますが、これは緊張しているがゆえにインプットされているはずの情報を想起することができなくなっている状態なのです。

人は誰しもプレッシャーを感じると本来の力を発揮しにくくなるもの。とくに、想起の場では、このような心理要因の及ぼす影響がとても強いといえるでしょう。

ですから、いかに緊張を減らせるようになるかが、スムーズな想起のための大切なポイントになってきます。

想起の習慣をつけてプレッシャーを減らす

では、緊張しない状態をつくるには具体的にどうすればいいのか。それは、「場数を踏む」ことです。

つまり、試験なら模試を受ける、スピーチや講演会ならリハーサルを重ねるというように、「想起の習慣」をつけるということです。

想起は、すればするほどスムーズになっていきますし、想起の場に慣れることで自信もつき、緊張は減っていきます。

ベテランの役者が長い台詞を短期間に覚えて流暢に話すことができるのは、やはり場数を踏んできたことによって、本番でもあまりプレッシャーを感じずにいられるからなのです。

また、場数を踏んでアウトプットの機会を増やすことは、緊張を減らすだけでなく、「効果的なアウトプットから逆算するインプット」を心がけるようになります。ただ誰かに教えてあげようと思うだけでも、ただインプットするのとでは意識に大きな違いが生まれてくるのです。

こういう意味からも、場数を踏むことは、想起力を高める重要なテクニックになるのです。

Point

場数を踏んでアウトプットの機会を増やすことが、想起力を高める重要なポイントになる

場数を踏むことで得られるメリット

1 想起の場で緊張しないようになる

2 アウトプットの機会が
増えて想起がスムーズになる

3 効果的なアウトプットから
逆算してインプットができる

4 新しいものの見方を
するようになる

LESSON

39 記憶しやすいように知識は「加工して」覚える

知識をそのままアウトプットする「再生」と「想起」は違う

インプットした知識を記憶してアウトプットすることが「想起」であるとお話ししてきましたが、覚えた知識をそのまま出すだけでは、ただの「再生」です。単純な「再生」であれば、インターネットの検索でこと足りますし、いくら物知りな人間でも情報量の多さではどのみち機械にはかないません。

情報を平等に入手できるいまの時代、重要になってくるのは「インプットした知

識を加工する能力」なのです。

最近はやりのクイズ番組では、物知りでクイズに強い芸人さんが人気のようですが、これも記憶した知識をそのまま答えているだけで、していることは「再生」にすぎません。

それだけの知識を持っているのなら、クイズ番組に出てただ再生しているよりも、その知識を上手に加工して、人と違った漫才やコントをつくったほうが、ずっと息長く優秀な芸人として生き残っていけるのではないでしょうか。

加工した知識のほうが記憶しやすい

これまでに、大人になったら「周辺情報をくっつける」記憶法や「エピソード記憶」に切り替えていくほうがよい、といった話をしましたが、実はこれらも「加工された知識」にあたります。

入ってきた情報をしっかりと理解して記憶したり、自分が体験した感情や体の動きとくっつけて覚えることで、知識は加工されていきます。

そして、その項目にまつわるうんちくや多くの付帯情報をセットにして覚えることで、価値のあるアウトプットができるようになるのです。

何より、**単純な再生よりも加工された知識のほうが格段に記憶しやすい**のですから、加工した情報がアウトプットできるようインプットの段階から心がけていきましょう。

140ページでは、重要な情報を効率よく記銘するために「重要度の低い付帯情報は削ぎ落とす」と言いましたが、互いに関連づけられた状態であれば、各項目の付帯情報はできるだけ増やして覚えたほうが想起しやすいということをもう一度強調しておきます。

Point

単純な再生よりも、加工された知識のほうが格段に記憶しやすい

「再生」と「想起」の違い

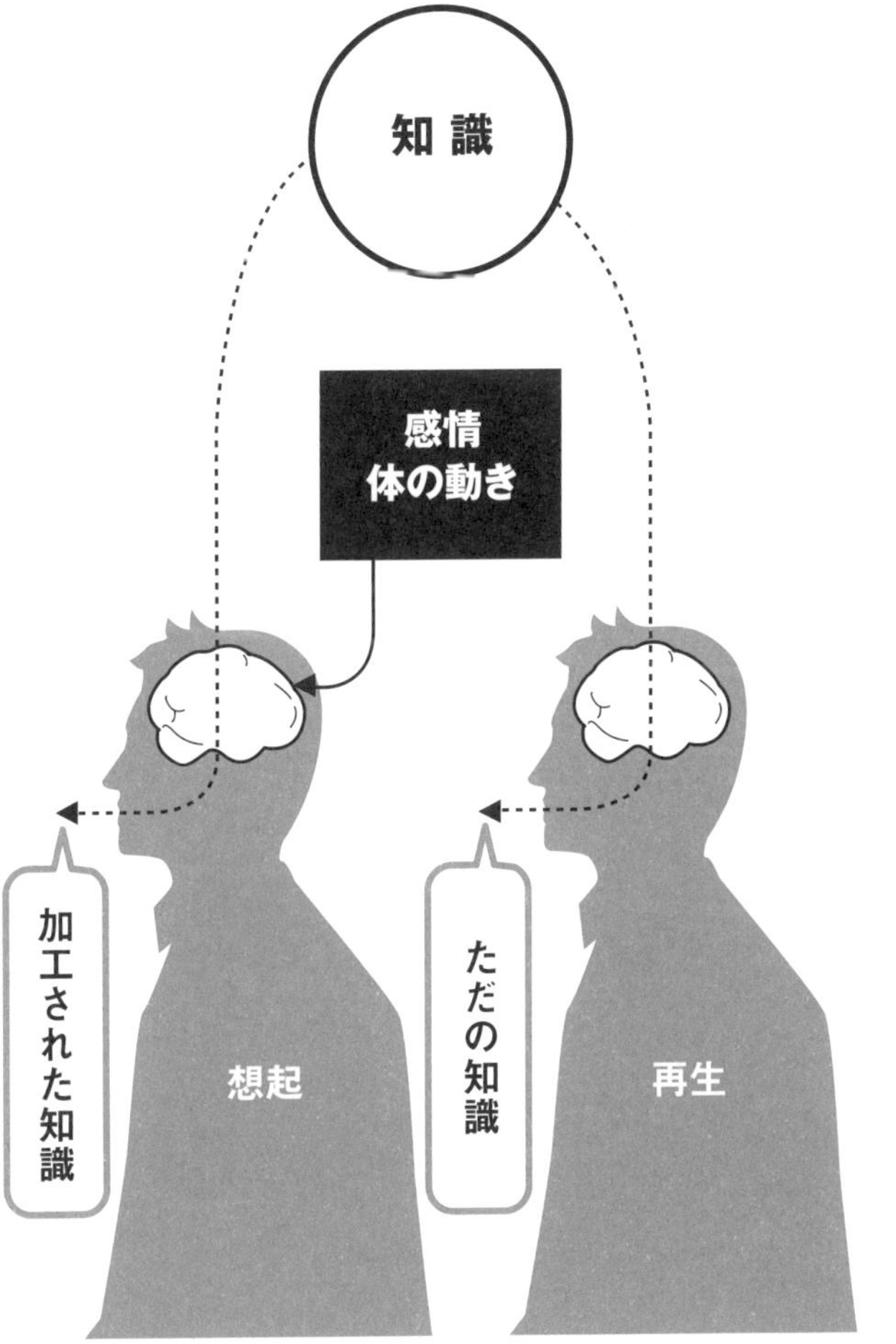

40 スピーチや講演のときは「シナリオ」を用意して覚える

シナリオをつくることで毎回アレンジができる

スピーチや講演などには、リハーサルが必要であると説明しましたが、「シナリオ」を用意しておくことも有効な手段です。むしろ、話すことに熟練していないのにシナリオも用意していないのならば、問題があるとすらいえるでしょう。

シナリオを用意して何度も繰り返し練習していくうちに、「ここはこう改善したほうがよいな」とか、「ここはいらない」「こうしたほうがウケる！」といったアレンジができるようになっていきます。

自分が何を話し、どのような想起をしたのか、それに対して相手からどのような反応があったのかを振り返ることで、技術が向上するのです。

たとえスピーチや講演の機会がなかったとしても、取引先や上司との接待のときなどに話す内容のネタづくりや、会議での発言の準備など、記憶と想起の応用のチャンスは、そこらじゅうに転がっているはずです。

記憶することの最終目的は何を生み出せるか

そもそもスピーチや講演などアウトプットの場で想起するということを「単純再生」だと考えているから、名前や数字が出てこないことに対する焦りが生まれるわけです。しかし、**重要なのは何を生み出すかという「成果」**です。

発表の場で大切なのは、そこで使う単語や数字が上手に再生できるかということではありません。重要なのは、それを加工して聴衆に面白いと思ってもらえるかどうか、伝えたいメッセージが届くかどうかです。

リハーサルをしたり、シナリオをつくったりすることもすべてそのための手段にすぎません。

そう考えると、想起には「加工」や「思考」、「相手の反応の予想」など、さまざまな要素が加わることによって本来の目標が達成されるということに気づきます。

いわば、単純再生型落語なのか、大学の落研レベルの落語なのか、はたまた、真打ちならではの表現豊かな落語なのか。想起の本来の目的が達成されているかどうかが重要なのです。

Point

情報を加工して、聴衆に面白いと思ってもらえるかどうか、伝えたいメッセージが届くかどうかということが大切

スピーチでシナリオを用意した場合としなかった場合の結果

郵便番号は2～4桁の「数字の固まり」に注目してイメージを膨らませよう

生活していくうえでよく使う数列に、郵便番号があります。

得意先や上司への年賀状、お歳暮など、郵便物を出す機会の多い相手の郵便番号を記憶しておければ、とても役に立ちます。

ここでは郵便番号の効率のよい記憶法を紹介していきます。

まず郵便番号は3桁と4桁に分かれていることを利用して「語呂合わせ」や「ペグワード記憶法」を使って覚えていきます。

語呂合わせはご存じのとおり「4618」で「白い歯」です。

次にペグワードですが、ペグとは「杭」の意味。覚える際に、杭（＝言葉やイメージ）を使ってインプットする記憶法です。

110－0045

という番号なら、「1」「10」「00」「45」と分けて覚えやすくします。

また、この数字をストーリーにして覚えていく「リンク法」を使ってみるのもよいでしょう。

下4桁で例に挙げると「－0314」で「ホワイトデーと同じ」、「－5678」で「5から1つずつ増えていく数列」と、数字からイメージを膨らませるのです。

ほかにも「ー3515」は「3×5＝15」、「ー7815」は「7＋8＝15」という具合です。

また、パターンを読んで省略することもできます。

150ー0002（渋谷区渋谷）
100ー0014（千代田区永田町）

この番号を見ると東京23区はすべて「1」から、下4桁は「0」から始まっているので覚える数を減らせるのです。

このように、数列から法則を見つけて覚える量を減らしたり、ストーリーと結びつけることで、格段に覚えやすくなります。

PART4
記憶力トレーニング

単純計算トレーニング

陰山英男先生が考案・実践して有名になった「100マス計算」（たし算）です。タテとヨコの数字をたした数字をマスに記入していきます。毎回時間を計って、できるだけ早く埋められるように挑戦しましょう。（解答は202ページで確認）

+	7	9	5	8	0	4	1	6	3	2
2										
8										
7										
3										
0										
5										
1										
4										
9										
6										

所要時間 □ 分 □ 秒 ※ページをコピーしてご利用ください

こちらはひき算の「100マス計算」です。ヨコ軸の数字からタテ軸の数字を引いてマスを埋めていきます。（解答は202ページで確認）

−	15	11	17	13	12	19	14	10	16	18
2										
1										
5										
9										
4										
3										
7										
0										
6										
8										

所要時間 □ **分** □ **秒** ※ページをコピーしてご利用ください

Training 02

音読トレーニング

**大きな声を出して、できるだけ早く3回読みます。
ほかにも自分の好きな文章を選んで音読してみましょう**

銀《ぎん》河《が》鉄道《てつどう》の夜《よる》

宮沢賢治《みやざわけんじ》

ジョバンニは、口笛《くちぶえ》を吹《ふ》いているようなさびしい口付《くちつ》きで、檜《ひのき》のまっ黒《くろ》にならんだ町《まち》の坂《さか》を下《お》りて来《き》たのでした。

坂《さか》の下《した》に大《おお》きな一《ひと》つの街燈《がいとう》が、青白《あおじろ》く立派《りっぱ》に光《ひか》って立《た》っていました。ジョバンニが、どんどん電燈《でんとう》の方《ほう》へ下《お》りて行《い》きますと、いままでばけもののように、長《なが》くぼんやり、うしろへ引《ひ》いていたジョバンニの影《かげ》ぼうしは、だんだん濃《こ》く黒《くろ》くはっきりなって、足《あし》をあげたり手《て》を振《ふ》ったり、ジョバンニの横《よこ》の方《ほう》へまわって来《く》るのでした。

（ぼくは立派な機関車《きかんしゃ》だ。ここは勾配《こうばい》だから速《はや》いぞ。ぼくはいまその電燈《でんとう》を通《とお》り越《こ》す。そうら、こんどはぼくの影法師《かげぼうし》はコムパスだ。あんなにくるっとまわって、前《まえ》の方《ほう》へ来《き》た。）とジョバンニが思《おも》いながら、大股《おおまた》にその街燈《がいとう》の下《した》を通《とお》り過《す》ぎたとき、いきなりひるまのザネリが、新《あたら》しいえりの尖《とが》ったシャツを着《き》て電燈《でんとう》の向《むこ》う側《がわ》の暗《くら》い小路《こうじ》から出《で》て来《き》て、ひらっとジョバンニとすれちがいました。

こころ

夏目《なつめ》漱石《そうせき》

私《わたくし》はその人《ひと》を常《つね》に先生《せんせい》と呼《よ》んでいた。だからここでもただ先生《せんせい》と書《か》くだけで本《ほん》名《みょう》は打《う》ち明《あ》けない。これは世間《せけん》を憚《はば》かる遠慮《えんりょ》というよりも、その方《ほう》が私《わたくし》にとって自《し》然《ぜん》だからである。私《わたくし》はその人《ひと》の記憶《きおく》を呼《よ》び起《おこ》すごとに、すぐ「先生《せんせい》」といいたくなる。筆《ふで》を執《と》っても心持《こころもち》は同《おな》じ事《こと》である。よそよそしい頭文字《かしらもじ》などはとても使《つか》う気《き》にならない。

私《わたくし》が先生《せんせい》と知《し》り合《あ》いになったのは鎌倉《かまくら》である。その時《とき》私《わたくし》はまだ若々《わかわか》しい書生《しょせい》であった。暑中休暇《しょちゅうきゅうか》を利用《りよう》して海水浴《かいすいよく》に行《い》った友達《ともだち》からぜひ来《こ》いという端書《はがき》を受《う》け取《と》ったので、私《わたくし》は多少《たしょう》の金《かね》を工面《くめん》して、出掛《でか》ける事《こと》にした。私《わたくし》は金《かね》の工面《くめん》に二《に》、三《さん》日《にち》を費《つい》やした。ところが私《わたくし》が鎌倉《かまくら》に着《つ》いて三日《みっか》と経《た》たないうちに、私《わたくし》を呼《よ》び寄《よ》せた友達《ともだち》は、急《きゅう》に国元《くにもと》から帰《かえ》れという電報《でんぽう》を受《う》け取《と》った。電報《でんぽう》には母《はは》が病気《びょうき》だからと断《ことわ》ってあったけれども友達《ともだち》はそれを信《しん》じなかった。

書写トレーニング

右ページの「般若心経」を左ページに書き写すことで、脳が活性化します。
声に出して読みながら行うと、さらに効果が上がります。

般《はん》若《にゃ》心《しん》経《ぎょう》〈摩《ま》訶《か》般《はん》若《にゃ》波《は》羅《ら》蜜《みっ》多《た》心《しん》経《ぎょう》〉
観《かん》自《じ》在《ざい》菩《ぼ》薩《さつ》行《ぎょう》深《じん》般《はん》若《にゃ》波《は》羅《ら》蜜《みっ》多《た》時《じ》照《しょう》見《けん》五《ご》蘊《うん》皆《かい》空《くう》度《ど》一《いっ》切《さい》苦《く》厄《やく》舎《しゃ》利《り》
子《し》色《しき》不《ふ》異《い》空《くう》空《くう》不《ふ》異《い》色《しき》色《しき》即《そく》是《ぜ》空《くう》空《くう》即《そく》是《ぜ》色《しき》受《じゅ》想《そう》行《ぎょう》識《しき》亦《やく》復《ぶ》如《にょ》是《ぜ》舎《しゃ》利《り》
子《し》是《ぜ》諸《しょ》法《ほう》空《くう》相《そう》不《ふ》生《しょう》不《ふ》滅《めつ》不《ふ》垢《く》不《ふ》浄《じょう》不《ふ》増《ぞう》不《ふ》減《げん》是《ぜ》故《こ》空《くう》中《ちゅう》無《む》色《しき》無《む》受《じゅ》
想《そう》行《ぎょう》識《しき》無《む》眼《げん》耳《に》鼻《び》舌《ぜっ》身《しん》意《い》無《む》色《しき》声《しょう》香《こう》味《み》触《そく》法《ほう》無《む》眼《げん》界《かい》乃《ない》至《し》無《む》意《い》識《しき》界《かい》無《む》
無《む》明《みょう》亦《やく》無《む》無《む》明《みょう》尽《じん》乃《ない》至《し》無《む》老《ろう》死《し》亦《やく》無《む》老《ろう》死《し》尽《じん》無《む》苦《く》集《しゅう》滅《めつ》道《どう》無《む》智《ち》亦《やく》無《む》
得《とく》以《い》無《む》所《しょ》得《とく》故《こ》菩《ぼ》提《だい》薩《さっ》埵《た》依《え》般《はん》若《にゃ》波《は》羅《ら》蜜《みっ》多《た》故《こ》心《しん》無《む》罣《けい》礙《げ》無《む》罣《けい》礙《げ》故《こ》無《む》
有《う》恐《く》怖《ふ》遠《おん》離《り》一《いっ》切《さい》顛《てん》倒《どう》夢《む》想《そう》究《く》竟《きょう》涅《ね》槃《はん》三《さん》世《ぜ》諸《しょ》仏《ぶつ》依《え》般《はん》若《にゃ》波《は》羅《ら》蜜《みっ》多《た》故《こ》
得《とく》阿《あ》耨《のく》多《た》羅《ら》三《さん》藐《みゃく》三《さん》菩《ぼ》提《だい》故《こ》知《ち》般《はん》若《にゃ》波《は》羅《ら》蜜《みっ》多《た》是《ぜ》大《だい》神《じん》呪《しゅ》是《ぜ》大《だい》明《みょう》呪《しゅ》是《ぜ》
無《む》上《じょう》呪《しゅ》是《ぜ》無《む》等《とう》等《どう》呪《しゅ》能《のう》除《じょ》一《いっ》切《さい》苦《く》真《しん》実《じつ》不《ふ》虚《こ》故《こ》説《せつ》般《はん》若《にゃ》波《は》羅《ら》蜜《みっ》多《た》呪《しゅ》即《そく》
説《せつ》呪《しゅ》曰《わつ》羯《ぎゃ》諦《てい》羯《ぎゃ》諦《てい》波《は》羅《ら》羯《ぎゃ》諦《てい》波《は》羅《ら》僧《そう》羯《ぎゃ》諦《てい》菩《ぼ》提《じ》薩《そ》婆《わ》訶《か》　般《はん》若《にゃ》心《しん》経《ぎょう》

※ページをコピーしてご利用ください

言葉・記号の記憶トレーニング

Training 04

下の絵と言葉を3分間で覚えます。
その後、本を閉じて、どれだけ覚えているか言葉を書き出しましょう。

こちらは記号になります。
右ページと同じようにやってみましょう。

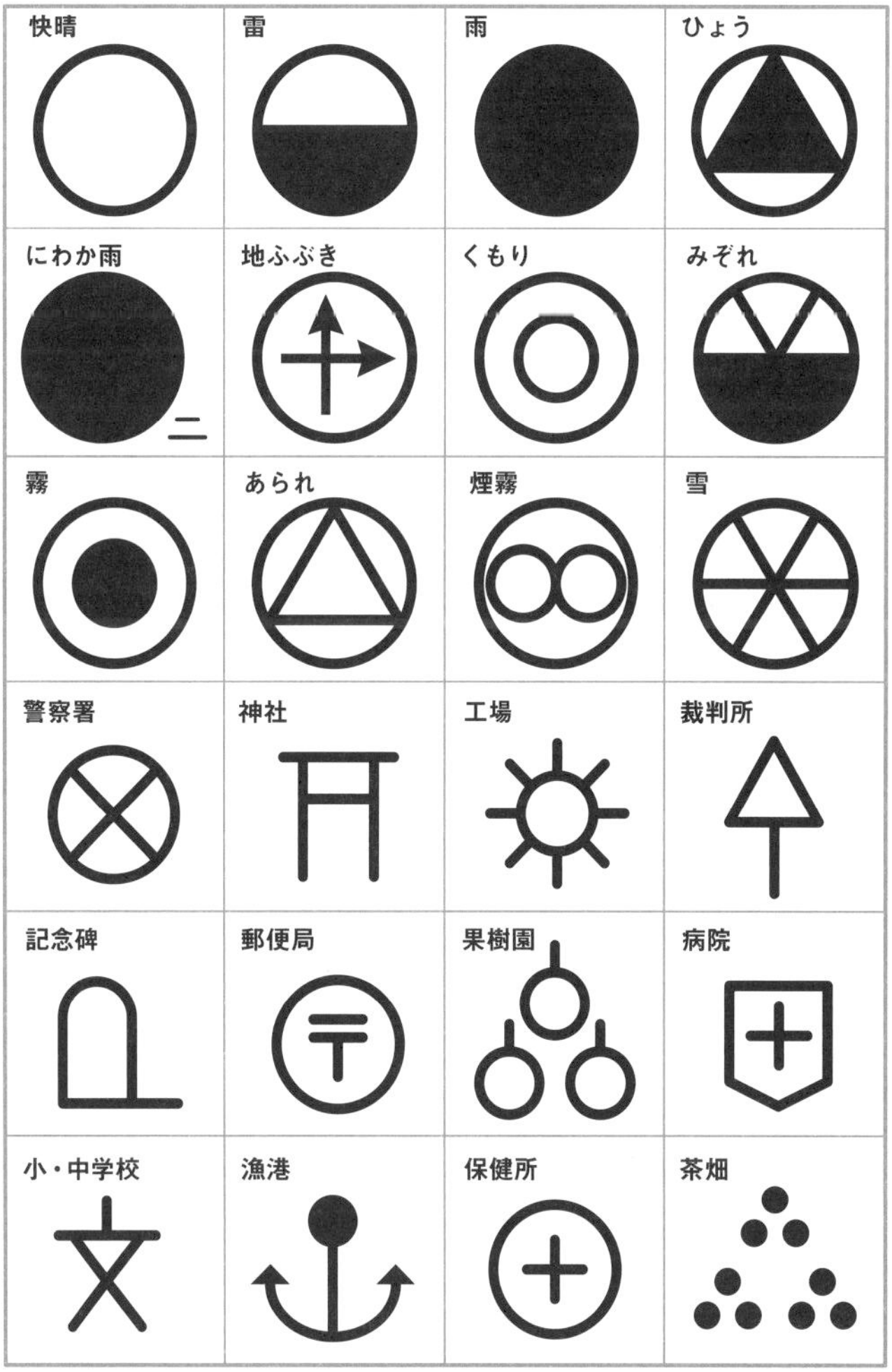

Training
05

熟語連想トレーニング

一番上の漢字が入った二字熟語を思い出して記入しましょう。
（解答例は203ページで確認）

連	色	絶	世	人	回	白	半	秀	大 例
									大学
↓	↓	↓	↓	↓	↓	↓	↓	↓	↓
									大将
↓	↓	↓	↓	↓	↓	↓	↓	↓	↓
									大国
↓	↓	↓	↓	↓	↓	↓	↓	↓	↓
									偉大
↓	↓	↓	↓	↓	↓	↓	↓	↓	↓
									大小
↓	↓	↓	↓	↓	↓	↓	↓	↓	↓
									大勝
↓	↓	↓	↓	↓	↓	↓	↓	↓	↓
									盛大

※ページをコピーしてご利用ください

（解答例は203ページで確認）

結	素	清	出	美	考	聖	茶	落	調

Training 06

白地図トレーニング

以下の日本の白地図に都道府県名を書き込みましょう。
（解答は204ページで確認）

東日本

※ページをコピーしてご利用ください

（解答は205ページで確認）

西日本

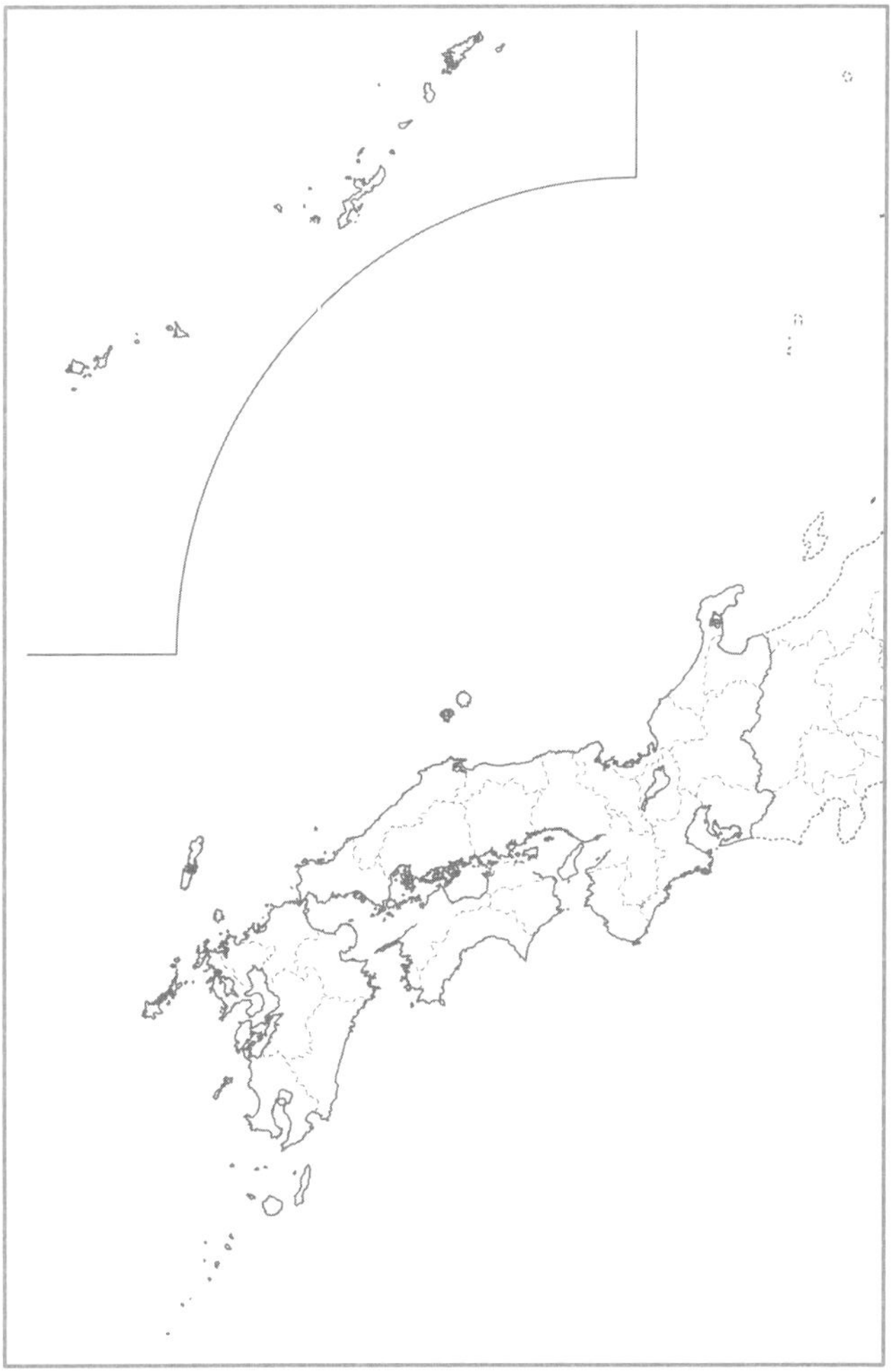

Training 07

図形回転トレーニング

以下の１～７の基本図形を回転させたとき、A～Dのどれかになります。正解はどれになるか考えてみましょう。（解答は206ページで確認）

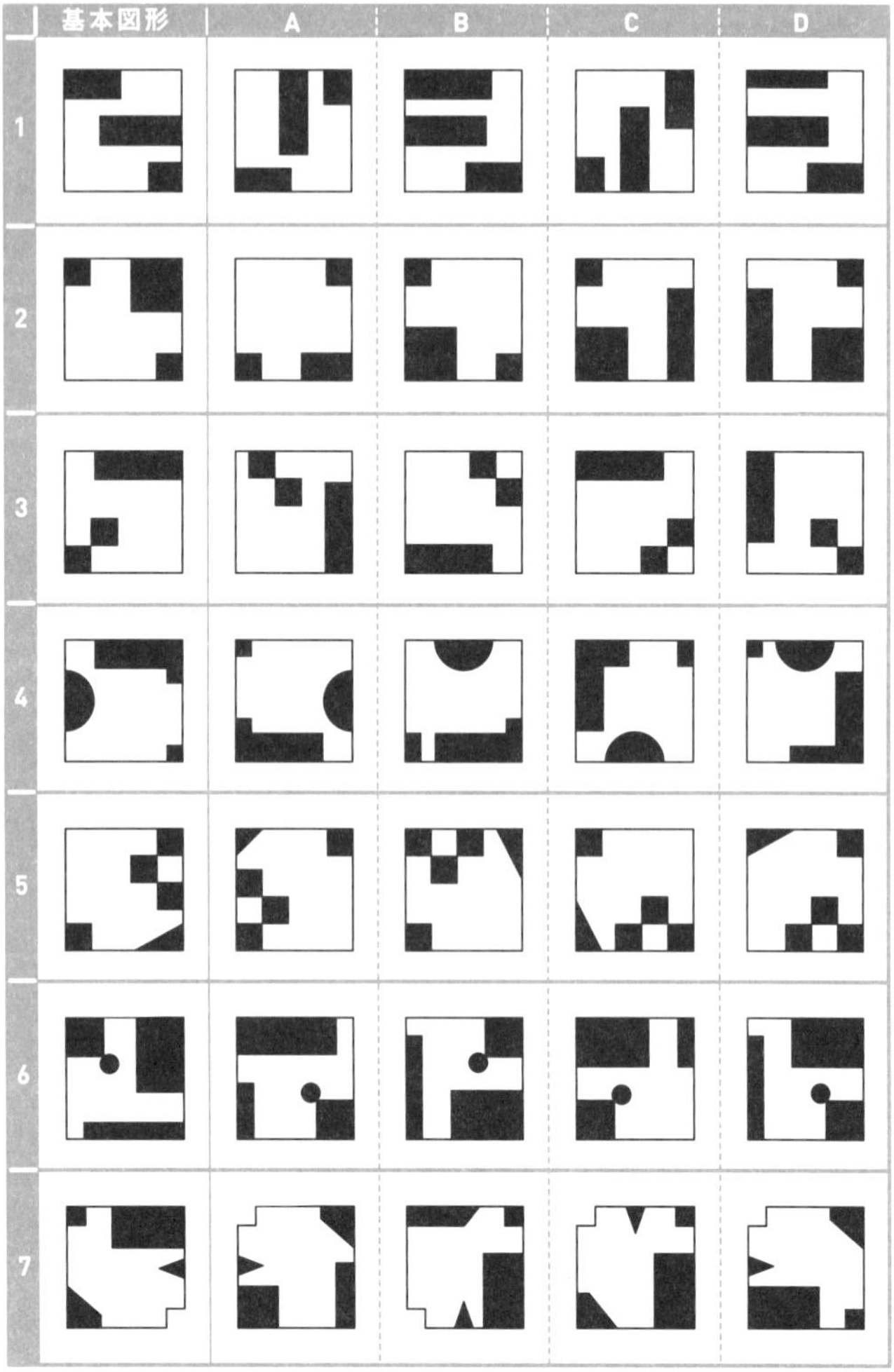

（解答は206ページで確認）

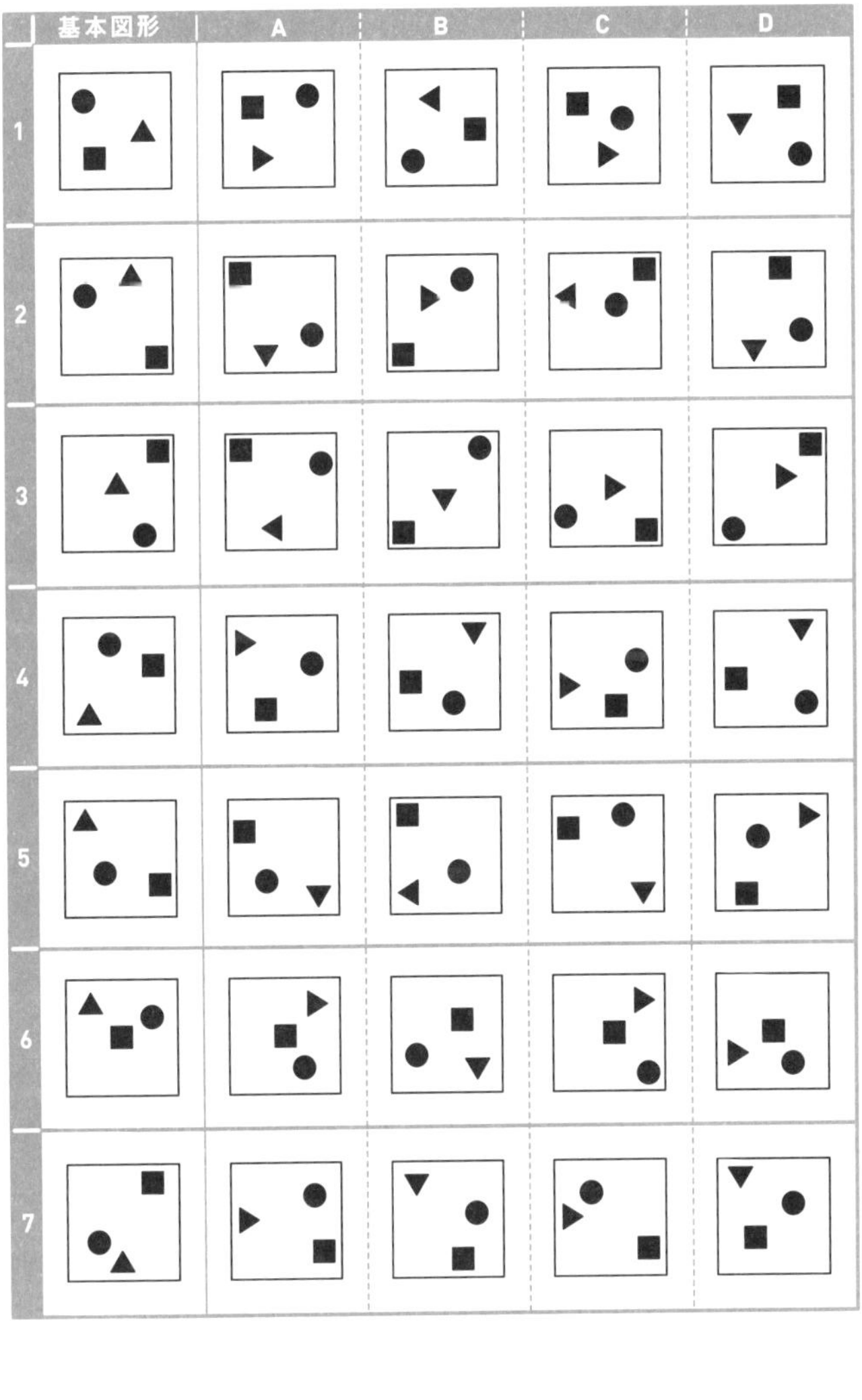

Training 08

創造性トレーニング

連想のトレーニングをしましょう。１つの言葉から連想する言葉を3つ書き出し、さらにそのなかの1つから連想する言葉を3つ書き出します。そしてもう一度、そのなかの１つからさらに３つの言葉を連想しましょう。

月
↓
・うさぎ
・宇宙船
・すすき

うさぎ
↓
・ニンジン
・雪
・耳

耳
↓
・パン
・鼻
・音楽

火
↓
・
・
・

↓
・
・
・

↓
・
・
・

水
↓
・
・
・

↓
・
・
・

↓
・
・
・

木

金

土

Training 09

集中力を高めるトレーニング

脳が受ける刺激は、大きく分けて２種類あります。ひとつは視覚や聴覚を通して外部から受ける刺激、もうひとつは体性感覚として身体内部から受ける刺激です。どちらも脳にとっては大切な刺激ですが、より即効性があるのは、触覚・痛覚・圧覚などの体性感覚です。そうした身体情報が突き上げられて、脳は活性化していきます。

特に手足の皮膚感覚は非情に敏感。その刺激は直接脳に伝えられるので、その効果はテキメンです。

そこで、このページでは脳を酷使したり、眠気を感じたりして集中力が低下したと感じたときに、脳をリフレッシュさせる最適なトレーニングを紹介します。どのトレーニングも椅子に座ったままでできる簡単な運動やマッサージなので、仕事や勉強の合間に行ってみましょう。

① 指回し運動

両手を胸の前で突き合わせて、左右の親指から順にお互いの指が触れないように回していきます。各指10回ずつ交互に回し、小指まで回し終えたら、今度は反対回りに10回ずつ同じように回しましょう。

② 足首回し運動

靴下を脱いで片足の指に反対側の手指を組ませ、時計回りと反時計回りに10回ずつ回し、反対側の足も同様に回します。回し終えたら、足の5本の指の間をできるだけ広く開きましょう。

③ 脳マッサージ

うなじに両手の親指をあてがい、力を入れて、まずはうなじ部分をもみほぐします。さらに親指は頭の後ろの頭蓋骨から徐々に頭頂葉（頭のてっぺん付近）に移動させていき、他の４指はシャンプーする要領で頭全体をもみほぐすようにします。力を入れてリズミカルに行なうと、より効果が高まります。

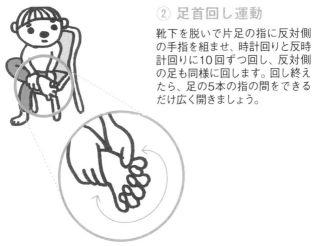

解答 Training Answer

【単純計算トレーニング】

184ページの答え

+	7	9	5	8	0	4	1	6	3	2
2	9	11	7	10	2	6	3	8	5	4
8	15	17	13	16	8	12	9	14	11	10
7	14	16	12	15	7	11	8	13	10	9
3	10	12	8	11	3	7	4	9	6	5
0	7	9	5	8	0	4	1	6	3	2
5	12	14	10	13	5	9	6	11	8	7
1	8	10	6	9	1	5	2	7	4	3
4	11	13	9	12	4	8	5	10	7	6
9	16	18	14	17	9	13	10	15	12	11
6	13	15	11	14	6	10	7	12	9	8

185ページの答え

−	15	11	17	13	12	19	14	10	16	18
2	13	9	15	11	10	17	12	8	14	16
1	14	10	16	12	11	18	13	9	15	17
5	10	6	12	8	7	14	9	5	11	13
9	6	2	8	4	3	10	5	1	7	9
4	11	7	13	9	8	15	10	6	12	14
3	12	8	14	10	9	16	11	7	13	15
7	8	4	10	6	5	12	7	3	9	11
0	15	11	17	13	12	19	14	10	16	18
6	9	5	11	7	6	13	8	4	10	12
8	7	3	9	5	4	11	6	2	8	10

【熟語連想トレーニング】

192ページの答え

連	色	絶	世	人	回	白	半	秀
連合	顔色	絶対	世界	人物	回転	白馬	半分	秀才
連絡	色彩	絶世	前世	人間	回数	明白	折半	優秀
関連	好色	気絶	世論	詩人	次回	白銀	半身	秀逸
連盟	原色	絶好	世情	人生	回帰	自白	後半	秀作
連中	色素	断絶	世間	老人	回顧	敬白	半額	秀抜
連載	色調	絶交	世俗	婦人	巡回	白衣	半期	俊秀
連名	単色	絶頂	世帯	偉人	回答	白紙	半熟	秀麗

193ページの答え

結	素	清	出	美	考	聖	茶	落	調
結果	色素	清潔	出張	美人	考察	聖書	茶碗	落第	調査
完結	塩素	血清	出力	美貌	参考	聖人	紅茶	下落	調理
結論	酵素	清掃	外出	美観	考古	聖夜	茶人	堕落	色調
凝結	素材	清楚	出演	美女	考証	楽聖	茶道	落伍	調印
凍結	素因	清算	演出	美男	考案	神聖	喫茶	落下	調合
結末	素描	清流	出生	甘美	思考	聖域	茶瓶	落日	調子
結婚	素養	清酒	出身	褒美	一考	聖火	茶室	落札	調節

【白地図トレーニング】

194ページの答え
東日本

195ページの答え

西日本

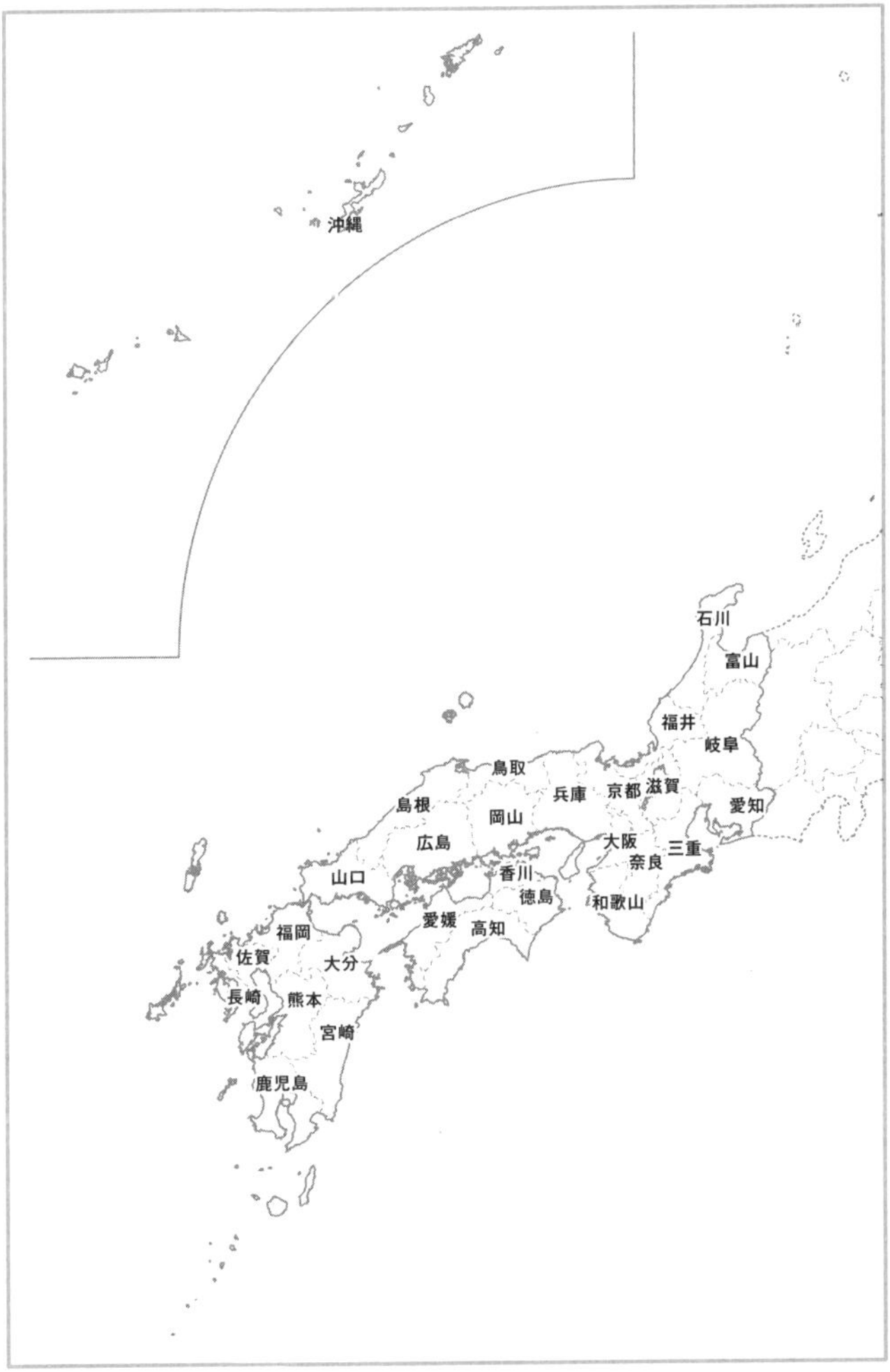

【図形回転トレーニング】

196ページの答え

7	6	5	4	3	2	1
↓	↓	↓	↓	↓	↓	↓
D	B	C	A	D	B	C

197ページの答え

7	6	5	4	3	2	1
↓	↓	↓	↓	↓	↓	↓
C	A	D	B	C	A	D

参考文献

○『40歳からの記憶術』（和田秀樹／ディスカヴァー・トゥエンティワン）
○『できる大人の勉強法大全』（和田秀樹／KKロングセラーズ）
○『図解 これが記憶法のすべてだ！』（大島清／ディスカヴァー・トゥエンティワン）
○『マインドマップ記憶術』（著：トニー・ブザン、監修：近田美季子／ディスカヴァー・トゥエンティワン）
○『七田式「脳」が元気になる大人の記憶力ドリル』（七田厚／青春出版社）
○『らくらく図解！つがわ式 世界一やさしい「超」記憶法』（津川博義／PHP研究所）
○『世界最速「超」記憶法』（津川博義／講談社）

この書籍は2014年1月に刊行された同名書籍（B5判）をリサイズ・再編集したものです

図解 大学受験の神様が教える 記憶法大全

発行日 2016年 2月 20日 第1刷

Supervisor 和田秀樹

Book Designer 岸和泉／寄藤文平 杉山健太郎（文平銀座）
DTP 株式会社アスラン編集スタジオ
本文デザイン blue vespa（齋藤雄介・榎本美香）／株式会社アスラン編集スタジオ

Publication 株式会社ディスカヴァー・トゥエンティワン
〒102-0093 東京都千代田区平河町2-16-1 平河町森タワー11F
TEL 03-3237-8321（代表）
FAX 03-3237-8323
http://www.d21.co.jp

Publisher 干場弓子
Editor 井上慎平＋千葉正幸

Marketing Group
Staff 小田孝文 片平美恵子 吉澤道子 井筒浩 小関勝則 千葉潤子 飯田智樹 佐藤昌幸 谷口奈緒美 山中麻吏 西川なつか 古矢薫 米山健一 原大士 郭迪 松原史与志 蛯原昇 安永智洋 鍋田匠伴 榊原僚 佐竹祐哉 廣内悠理 安達情未 伊東佑真 梅本翔太 奥田千晶 田中姫菜 橋本莉奈 川島理 倉田華 牧野類 渡辺基志
Assistant Staff 俵敬子 町田加奈子 丸山香織 小林里美 井澤徳子 藤井多穂子 藤井かおり 葛目美枝子 竹内恵子 清水有基栄 川井栄子 伊藤香 阿部薫 常徳すみ イエン・サムハマ 南かれん 鈴木洋子 松下史

Operation Group
Staff 松尾幸政 田中亜紀 中澤泰宏 中村郁子 福永友紀 山﨑あゆみ 杉田彰子

Productive Group
Staff 藤田浩芳 原典宏 林秀樹 三谷祐一 石橋和佳 大山聡子 大竹朝子 堀部直人 林拓馬 塔下太朗 松石悠 木下智尋

編集協力 verb（太田健作・岡本のぞみ・井上真規子）

Proofreader 文字工房燦光
Printing 大日本印刷株式会社

ISBN978-4-7993-1842-3